내

인
생
을

가
로
지
르
는

영
화

KB201946

예술로 만나는 말씀 - 교육과정시리즈 2

내 인생을 가로지르는 영화

지은이	이정배
펴낸이	손원영
펴낸곳	도서출판 예술과영성
펴낸날	2017.12.31.(초판1쇄)
책임편집	예술목회연구원
표지디자인	엄선
인쇄/디자인	남기수
출판등록	2017.11.13
등록번호	제2017-000147호
주소	서울 종로구 숭인동길 87, 3층
전화	02-921-2958
이메일	sna2017@hanmail.net
웹사이트	http://thekasa.org
정가	10,000원
ISBN	979-11-962443-1-6

Copyright@이정배,2017

＊국립중앙도서관 출판예정도서목록(CIP)

```
내 인생을 가로지르는 영화 / 이정배 [지음] . -- [서울] :
예술과 영성, 2017
    p. ;    cm

ISBN 979-11-962443-1-6  03230 : ₩10000
기독교 [基督敎]
영화(예술) [映畵]

235. 84-KDC6
261. 57-DDC23
                                        CIP2017035549
```

이 도서의 국립중앙도서관 출판예정도서목록(CIP)은 서지정보유통지원시스템 홈페이지(http://seoji.nl.go.kr)와
국가자료공동목록시스템(http://www.nl.go.kr/kolisnet)에서 이용하실 수 있습니다.(CIP제어번호: CIP2017035549)

예술로 만나는 말씀
교육과정시리즈

내 인생을 가로지르는 영화

이정배

예술과영성

예술로 만나는 말씀

머리말

신학자들의 대화에서 종종 회자되는 말 중에 "예루살렘이 아테네와 무슨 관계가 있는가?"라는 말이 있다. 이 말은 복음과 철학이 무슨 관계가 있는가 하는 뜻이다. 이것은 예루살렘으로 상징되는 신학과 아테네로 상징되는 철학 사이에는 생각보다 밀접한 관계가 있음을 역설적으로 표현한 말이다. 실제로 플라톤과 아리스토텔레스로 상징되는 그리스철학이 없었다면, 지난 2천년동안 과연 신학이 제대로 체계화될 수 있었는지 우리는 상상하기 어렵다.

그런데 최근 흥미롭게도 같은 맥락에서 "복음과 예술은 무슨 관계가 있는가?"라는 표현이 예술신학을 연구하는 학자들 사이에 적잖이 입에 오르내리고 있다. 교회사를 통해 볼 때 둘 사이는 결코 가깝지 않았다. 특히 루터의 종교개혁 이후 개신교회는 특정 예술을 원수처럼 여기는 경향까지 보였다. 그래서 혹자는 교회와 예술의 관계를 일컬어 마치 이혼했다거나 혹은 별거 중인 부부처럼 소원하게 떨어져 지낸다고 비유한다. 이러한 비유의 적절성을 잠시 차지하고서라도, 분명한 것은 이제 교회와 예술이 더 이상 원수도 아니고 서로 소원하게 지내야할 사이는 더더욱 아니란 사실이다. 오히려 성경의 바른 이해와 신앙체험, 그리고 복음의 효과적인 선교를 위해서 교회는 예술을 더욱 가깝게 끌어안아야 한다. 이러한 목표를 이루기 위해 지난 2013년 여름, 예술신학자와 목회자 그리고 예술가들이 뜻을 모아 〈예술목회연구원〉을 창립하였고, 이제 종교개혁 500주년을 기념하여 〈예술로 만나는 말씀〉 교육과정 (Arts and Bible Curriculum: ABC)을 개발하게 되었다. 특히 최근 폭발적으로 늘어나는 '가나안신자'(교회에 안 나가는 신자)들이나 비종교인들을 대상으로 성경을 소개할 필요성을 느껴서 본 교육과정을 개발하게 되었다.

〈예술로 만나는 말씀〉 교육과정은 과거 개발되었던 성경공부 교재와 비교하여 볼 때, 매우 독창적인 교재라고 말할 수 있다. 왜냐하면 본 교육과정은 독자들로 하여금 예술체험을 통해 하나님체험에 이를 수 있도록 안내하는 '예술적 접근'을 시도하고 있기 때문이다. 사실, 지금까지 각 교단에서 개발되었거나 혹은 개별 출판사에서 기획되어 발행된 대부분의 성경공부 교재들은 각 교단이 강조하는 '교리'를 바르게 이해하기 위한 맥락에서 집필되었거나 혹은 성경통독을 위한 '지식' 중심의 교재였다. 물론 그런 교재도 일정부분 분명히 필요하겠지만, 소위 '문화예술의 시대'로 불리는 현 시대에는 많은 한계가 있는 것도 사실이다. 따라서 본 교육과정은 문화와 예술에 관심이 많은 성인들을 대상으로 성경을 예술적이고 인문학적 시각에서 공부할 수 있도록 개발되었다.

〈예술로 만나는 말씀〉 교육과정의 집필자로 참여하는 모든 필자들과 공동개발자로 수고한 소태영 박사에게 감사드린다. 바라기는 본 교육과정을 통해 한국교회가 더욱 아름다운 교회로 발전하고, 많은 그리스도인들이 이 교재를 통해 멋진 예술적 삶을 향유하기를 간절히 바란다.

2017.10.

손 원 영
〈예술로 만나는 말씀〉
교육과정개발 책임자 & 예술목회연구원장

〈예술로 만나는 말씀〉 교육과정의 특징과 교재 활용법

1. 〈예술로 만나는 말씀〉 교육과정의 특징

첫째, 본 교육과정은 하나님이 세상을 찾아온 방식인 '성육신적 접근'(incarnational approach)을 사용하고 있다. 성육신적 접근은 말씀으로 세상을 창조하신 하나님이 인간을 구원하기 위해 육신을 입고 이 세상에 오신 방식으로써, 우리도 하나님을 알기 위해서는 세상의 문화와 예술 속으로 들어가야 할 것을 강조한다. 비록 세상의 언어와 문화 속에는 죄악된 것이 많이 있지만, 그럼에도 불구하고 세상은 그 죄악에 앞서서 하나님께서 말씀으로 창조하신 것이요 또 예수 그리스도께서 몸으로 직접 거하셨던 곳이다. 따라서 우리는 세상의 언어와 문화를 결코 죄악된 것으로만 터부시하지 않고, 대신 겸손한 마음으로 조심스럽게 그 속에 숨어계신 하나님의 흔적을 발견하고자 한다.

둘째, 본 교육과정은 말씀에 대한 '미학적 접근'(aesthetic approach)을 시도한다. 여기서 미학적 접근이란 말씀이 육신이 되신 성육신적 접근의 또 다른 표현으로써, 아름다움의 미적 이념을 우리 인간이 오감으로 체험할 수 있도록 구체적으로 표현하고 형상화한 것을 의미한다. 즉 예술이 갖고 있는 미적 이념의 형상화란 의미를 성경연구의 방법론으로 차용한 것이다. 그래서 독자들은 이 교재를 통해 천지를 창조하신 하나님은 예술가로, 예수 그리스도의 십자가와 부활의 삶은 예술적 삶의 최고 모범으로, 그리고 성령은 우리로 하여금 한 멋진 삶을 잘 살도록 끊임없이 격려하는 분으로 새롭게 고백하게 될 것이다.

셋째, 본 교육과정은 '대화적 접근'(dialogical approach)을 시도한다. 여기서 대화적 접근이란 일종의 '해석학적 접근'이다. 대화는 과거의 성경이야기가 어떻게 현재 우리의 이야기로 연결될 수 있는지를 탐색하고, 동시에 고대 이스라엘과 중동지역의 이야기가 어떻게 한국문화와 만나 창조적으로 수용될 수 있는지 숙고하게 된다. 이것을 위해서 본 교육과정은 저명한 기독교교육학자인 그룹(Thomas H. Groome)이 개발한 '공유적 프락시스 접근'(shared praxis approach)과, 성경공부의 과정에서 한국문화와 적극 대화할 것을 강조하는 손원영의 테오프락시스 접근(theopraxis approach)을 활용하였다. 뿐만 아니라 성경공부가 단순히 성경지식의 습득에서 멈추지 않고 예술체험을 통한 신앙체험 그리고 종교–예술적 삶으로 이어지도록 돕기 위해 다양한 예술체험을 격려하였다.

2. 효과적인 사용법

첫째, 본 교육과정은 청년부 이상의 성인들을 위한 성경공부 교재로 개발되었다. 따라서 문화와 예술에 관심이 많은 청년부나 청장년층의 교재로 활용될 수 있다. 그리고 본 교재는 성인학습자들이 성경공부를 지루하고 엄숙한 학습과정으로 오해하지 않도록 하기 위해 가급적 딱딱한 교재형식을 탈피하여, 인문예술 분야의 교양서적을 읽는 기분으로 기독교인뿐만 아니라 비기독교인 까지 누구나 쉽고 자연스럽게 성경을 공부할 수 있도록 집필하였다.

둘째, 본 교육과정은 현대인들이 향유하는 다양한 '예술분야'를 통해 성경과 만나도록 개발되었다. 특히 현대인들이 향유하는 예술분야로써 임의로 12분야를 선택하였다. 여기서 12분야는 성경에서 강조하는 일종의 완전수로써, 구약의 이스라엘 백성 12지파와 신약에 나타난 예수의 열두제자를 상징한다. 즉 복음이 예술의 12분야를 통해 땅 끝까지 증거 되기를 바라는 개발자의 희망이 담겨있다. 본 교육과정이 제시하는 예술의 12분야는 전통적인 예술분야인 문학(시, 소설), 미술, 음악, 건축(디자인), 춤을 비롯하여, 현대에 와서 관심을 끌게 된 사진, 영화, 와인, 커피, 요리, 놀이(스포츠), 여행 등이다.

셋째, 본 교육과정은 성인학습자들의 흥미를 고려하여 학습효과를 높이기 위해 1개월용(4주) 또는 2개월용(8주) 교재로 집필하였다. 따라서 교회는 학습자들이 지루하지 않게 성경을 공부할 수 있도록 임의로 교재를 선택할 수 있을 것이다. 오감의 평등성의 원칙에 따른다면 12개의 예술분야에는 결코 순서가 없다. 그러므로 교회는 성인학습자들의 흥미에 따라 임의로 예술분야를 선정하여 공부할 수 있을 것이다.

저자의 말

영화가 등장한지 100년이 넘었다. 그동안 영화는 이론적으로 나 기술적으로 많은 발전이 있었다. 한 때는 영화에 대해 오락성을 중시하기도 하고 예술성에 초점을 두기도 했는가 하면, 정치 사회적인 매체로 인식하기도 했다. 그러나 신앙적 차원에서 영화에 접근한 것은 그리 오래전이 아니다. 영화는 대중성과 예술성 사이에서 신앙적인 고민을 축적해왔다.

신앙인들은 영화를 전도를 위한 방법으로 사용하기도 하고 성경의 내용을 이미지로 전달하는 도구로 사용하려고도 했다. 영화 속 인물들은 대부분 구약시대나 예수시대의 유대인 복장으로 등장했고, 내용은 성경에서 벗어나는 법이 없었다. 이런 영화들은 기독교영화로 분류되었고 일반 극장에서 상영되지 않았기 때문에 일반인으로부터 외면당하여왔다.

영화가 은유나 상징 등의 수사법을 사용하여 이미지를 표현할 수도 있었다. 그러나 대부분의 영화들이 스토리를 중심으로 메시지의 내용을 전달하는데 주력했다. 극적인 효과를 통해 몰입도를 높이고 관객의 심리를 사로잡는 것에 집중해왔다. 기독교영화 역시 성경의 스토리를 성실하게 전달하거나 성경내용 이해를 돕는 교육 교재로 충실하게 헌신했다.

최근 기독교영화가 현대에 어떤 의미를 갖고 있느냐 하는 것과 현대를 어떻게 이해하고 영화로 표현하느냐 하는 것에 관심을 갖기 시작했다. 일방적으로 전달하고 교육하려는 태도에서 벗어나 관객을 이해하고 원하는 것을 파악하여 필요한 것을 공급하려는 방식으로 전환하였다. 비로소 새로운 차원의 현대적인 기독교영화가 쏟아져 나오기 시작했다.

영화는 다양한 소재를 가지고 있고 다양한 내용과 이미지들을 가지고 있다. 여러 나라의 감독들이 자신들이 속해있는 삶의 범주에서 인생의 이야기를 영화로 녹여내고 있다. 드디어 기독교 영화의 소재가 반드시 성경적이어야 한다는 강박관념에서 벗어나기 시작했다. 현대 기독교 영화는 다양한 소재를 통해 신앙적인 차원을 은유적으로 드러내기 시작했다.

영화가 인류의 삶 이야기를 표현한다는 면에서 모든 영화는 나름의 의미를 지니고 있다. 일반영화와 기독교영화의 경계가 무의미해졌다. 그런 의미에서 모든 영화는 신앙교육의 교재가 될 수가 있다. 영화가 반드시 성경 내용을 직설적으로 담고 있지 않더라도 해석과 분석을 통해 충분히 신앙교육의 교재가 될 수 있다.

본 교재는 영화문법으로 성경을 해석해보고, 영화를 성경의 관점에서 상호 분석해보았던 일종의 인식영역 확장실험의 보고서이다. 이것은 일반 세상의 인식범주와 신앙인의 인식범주를 분리시켜 자신들만의 문법과 방식으로 이해하는 것에서 벗어나 서로의 인식범주를 중첩시키는 작업이었다. 인식의 충돌과 융합을 통해 인식지평이 융합되어가는 과정의 산물이다.

동일한 목적을 지니거나 유사한 방향을 모색하는 분들이 계시다면 본 교재가 작은 도움이 될 수 있었으면 한다. 또한 내안 가득한 사랑을 교재를 읽는 모든 분들께서 느낄 수 있기를 기대한다.

이 정 배

목 차

첫째 주 · 이야기

나의 잃어버린 감각을 찾아서 ·

예술과 영성

1. 영화 보기 전 생각하기 : 감각기관의 중요성

길을 걷다보면 무수한 정보들이 우리의 감각기관을 통해 들어
온다. 자동차의 날카로운 경적과 상가에서 울려 나오는 음악, 길
가는 다정한 연인들의 달달한 이야기 소리가 우리의 귀를 자극
한다. 음식점 앞을 지날 때면 우리를 유혹하는 구수한 냄새와 베
이커리에서 갓 구어 낸 뽀송한 빵 냄새, 달콤한 카페에서 풍겨나
는 커피 향이 우리의 코를 끊임없이 자극하기도 한다. 또한 늘씬
한 마네킹이 선보이는 아름다운 옷의 색깔과 가구매장 가득한 파
스텔 풍의 색상들, 밤을 장식하는 네온사인의 화려한 빛깔은 우
리의 눈을 심하게 자극한다. 그런가 하면 우리가 매일 먹는 음식
과 각종 상큼한 음료가 우리의 입을 자극하고, 우리의 몸을 휘감
는 보드라운 이불이며 귀엽게 꼬집는 아기의 탄력 있는 피부가
우리의 손끝을 통해 전달된다.

우리는 눈, 코, 귀, 입, 피부의 다섯 가지 감각기관으로 외부의
각종 정보를 받아들인다. 이들 정보는 우리 뇌에서 통합되고 판
단되어 인지하고 행동하도록 한다. 모든 감각기관이 제대로 작
동되고 있다는 것은 큰 복이 아닐 수 없다. 왜냐하면 그 중 한두
개의 기관이 작동을 제대로 하지 못할 때 오는 생활의 불편함이란
이루 말로 다 표현할 수 없기 때문이다. 우리 주변에는 어느 한두
기관이 제 기능을 발휘하지 못하는 이들이 있다. 그런데 놀라운
것은 우리 몸은 상실되거나 이상이 생긴 불편한 기능을 다른 기관
으로 대체하면서 살아간다는 사실이다.

영화라는 매체는 시각과 청각이라는 두 개의 감각기관을 주로
사용한다. 물론 영화사를 살펴보면 시각과 청각 외에 다른 감각

기관들을 자극해서 영화의 느낌을 좀 더 생생히 살려보려는 시도를 수없이 해왔다. 앉고 있는 관람의자에 음향 따라 진동할 수 있는 장치를 설치하거나, 의자 밑에 작은 분사기를 설치하여 화면에 따라 적합한 향기를 뿜어내는 시도도 했었다. 그러나 아직 크게 성공적이지 못하다. 진동의자를 설치한 4D 영화는 움직임이 크거나 충격이 큰 영화장면에서 효과를 발휘하지만 그렇지 않은 경우나 장르의 영화에는 별 효과를 내지 못했기 때문이다. 분사기로 인공 향기를 분무하는 시도 역시 특정 장면에 국한된다는 점과 향기를 제대로 구별해내는 장치가 부족하다는 약점을 극복하지 못했기 때문이다. 영화는 오히려 시각과 청각만으로 실제로 느낄 수없는 맛과 향 그리고 다른 감각들을 만들어낸다. 그래서 음식점이나 요리를 소재로 한 영화들이 등장할 수 있게 된 것이다.

그렇다면 어떻게 영화가 시각과 청각만을 가지고 다른 감각들을 살려내는 것일까? 또한 우리는 영화의 시각과 청각에 대해 얼마나 인식하고 있을까? 이러한 감각은 관객이 가지고 있는 상상력과 무슨 상관성이 있을까? 이러한 물음에 대한 적절한 답을 줄 수 있는 한 영화를 소개한다. 세계적으로 크게 흥행을 했던 영화는 아니다. 우리나라에서 개봉되었다는 것을 아는 이들도 그리 많지 않다. 긴장감을 주거나 뛰어난 볼거리를 제공하는 그런 류의 영화가 아니기 때문이다. 그러나 영화공부를 하는 입장에서 이 영화를 보면 분명 의미 있는 영화이다.

영화는 영화가 시각과 청각만을 가지고 어떻게 모든 다섯 가지 감각들을 다루고 있는지를 보여준다. 하나씩 감각을 제거하는 방식으로 영화가 후각과 미각 그리고 촉각을 표현해내고 있는지를 알 수 있게 된다.

■ 영화 정보

제목 : 《퍼팩트 센스, Perfect Sense》(2011)

감독 : 데이빗 맥킨지(David MacKenzie)

● 출연 : 이완 맥그리거 (Ewan McGregor, 마이클 역), 에바 그린(Eva Green, 수잔 역)

● 등급 : (국내) 15세 관람가

● 상영시간 : 89분

● 국내개봉 : 2011년 11월 24일

영화에 한 쌍의 남녀가 등장한다. '마이클'이라는 이름의 남자는 과거 사랑에 대한 상처가 컸기 때문에 사랑을 믿지 않는다. 그의 직업은 사람들의 입을 즐겁게 해주는 어느 레스토랑의 유능한 요리사이다. '수잔'이라 불리는 여성은 인류의 이상 현상을 연구하는 과학자이다. 그녀 역시 사랑에 대해 열정을 갖고 있지 않던 상황이었다. 두 사람은 자연스런 이끌림에 의해 가까워지게 되고 점점 열정적인 사랑에 빠져들기 시작한다.

그러던 어느 날 갑작스레 인류에게 원인 모를 일이 발생한다. 알 수 없는 바이러스로 인해 사람들은 감각을 잃어버리는 일이 일어난다. 감각을 잃기 전에 감정이 극에 달하는 이상 현상이 나타나고 다음 날이면 감각 중에 하나를 잃어간다. 엄청난 슬픔 뒤에 후각을 잃거나 끔찍한 음식에 대한 탐욕 뒤에 미각을 잃고, 무시무시한 분노를 표출하고 나서 청각을 잃고 하는 일이 일어난다. 결국 극도의 기쁨을 맛보고 시각까지 잃게 된다. 남아있는 건 촉각 하나인데 과연 이러한 상태에서 인류는 어떤 모습으로 살아갈 것인가를 영화는 보여주고 있다.

놀라운 것은 요리사인 남자 주인공은 하나의 감각을 잃을 때마다 그것을 대체할 다른 감각을 발전시킨다는 점이다. 예를 들어 미각을 잃었을 때는 청각과 시각으로 음식의 맛을 자극한다. 바삭거리는 소리로 맛을 가늠하게 하고 음식을 더욱 시각적으로 장식함으로 맛을 기억해내도록 한다. 사람들은 감각을 하나씩 잃어버린 상황을 처음에는 받아들이지 못하지만 조금 지나면 다시 평상으로 돌아가게 되고 잃어버린 감각을 다른 감각으로 대체하여 그렇게 살아간다. 문제는 모든 감각을 잃었을 때, 사랑을 어떻게 느끼고 나눌 수 있겠는가 하는 것이다.

2. 영화로 상상하는 말씀 : 몸과 감각기관의 연결

에베소서 4장 11-16절

11. 그분이, 어떤 사람은 사도로, 어떤 사람은 예언자로, 어떤 사람은 복음 전도자로, 또 어떤 사람은 목회자와 교사로 삼으셨습니다.
12. 그것은 성도들을 준비시켜, 봉사의 일을 하게하고, 그리스도의 몸을 세우게 하시려는 것입니다.
13. 그리하여 우리 모두가, 하나님의 아들을 믿는 일과 아는 일에 하나가 되고, 온전한 사람이 되어, 그리스도의 충만하심의 경지에까지 이르게 됩니다.

14. 우리는 이 이상 더 어린 아이로 있어서는 안 됩니다. 우리는 인간의 속임수나 간교한 술수에 빠져서, 온갖 교훈의 풍조에 흔들리거나 이리저리 밀려다니거나 하지 말아야 합니다.

15. 우리는 사랑 안에서 진리를 말하면서, 모든 면에서 자라나서, 머리이신 그리스도에게까지 이르러야 합니다.

16. 그리스도가 머리이시므로, 온몸은 여러 부분이 결합되고 서로 연결되어서, 각 부분이 그 맡은 분량대로 활동함을 따라 각 마디로 영양을 공급받고, 그 몸을 자라게 하여, 사랑 안에서 스스로를 세우게 합니다.

우리가 잘 아는 대로 에베소서는 '하나 됨'을 주제로 전개되고 있다. 에베소서를 통해 바울은 이방인과 유대인, 남편과 아내, 부모와 자녀, 주인과 종 등이 어떤 원리로 하나가 되어야 하는가를 친절하게 설명한다. 가장 기본적인 모델은 예수 그리스도이다. 하나님은 거룩한 하나님과 세속적인 우리 인간이 만날 수 있는 가능성을 예수 그리스도를 통해 구체적으로 보여주었다고 설명하고 있다. 여기에 적용되는 원리가 부분과 전체이다. 몸으로 비유한다면 하나님은 전체이고 예수 그리스도는 머리에 비유할 수 있으며 성도는 몸의 각 부분에 해당된다. 이들 몸의 각 부분과 머리는 하나로 연결되어 있다.

몸의 한 부분이 아프면 몸 전체가 아플 수밖에 없다. 한 부분의 고통은 몸의 모든 부분으로 전달된다. 어느 한 부분이 이상이 생기면 다른 부분들은 그것을 치유하기 위해 여러 가지 방법을 모색한다. 치유가 불가능한 상황이 발생하면 그 부분을 대신할 다른 부분의 능력이 강화되기도 한다.

나와 같지 않다는 이유로 상대를 배격하는 것은 그릇된 일이다. 나와 다른 유형의 신앙고백을 한다고 적대시하고 배척해서는 안

된다. 그러나 나와 같아야만 바른 신앙이라고 주장하는 편협한 신앙인을 만나기도 한다. 성령은 다양한 방식으로 활동한다. 다양한 형태로 부르며 다양한 은사를 공급한다. 바울은 다른 유형의 신앙고백을 한다는 이유로 교회 내에서 분열하고 갈등하는 모습을 많이 보아왔다. 바울 자신도 선교초기에는 제자들로부터 다르다는 이유로 그의 선교가 의심받기도 했었다. 다양한 신앙의 컬러는 성령의 다양한 방식의 활동이다.

교회 내의 분열은 그리스도에게 집중되지 않았기 때문이라고 성서는 말한다. 공동체에서 관계가 깨지는 것은 먼저 서로가 다름을 인정하지 않기 때문이라고 한다. 공동체 내에 다양성이 존재하는 것은 서로의 역할과 기능이 다르고 부여받은 사역이 다르기 때문이다. 또한 공동체의 분열은 서로에 대해 민감하지 않기 때문이다. 상대의 아픔에 대해 둔감하거나 타인의 고통에 무감각하기 때문이다. 이런 것은 단절된 감각들로 살아가기 때문에 일어나는 현상이다.

그래서 다음으로 중요한 것은 이러한 다양성이 어떻게 일체감을 갖느냐 하는 것이다. 바울은 예수 그리스도를 정점으로 삼으라고 조언한다. 다양성을 그대로 두라고 하지 않는다. 다양성을 인정하지만 공동체를 이루기 위해서는 하나 됨을 이루어야 한다고 말씀한다. 서로 연결되어 아픔을 느낄 수 있는 하나의 몸이 되어야 한다고 한다. 그 하나 됨의 근거가 그리스도라고 바울은 말한다. 종종 바울이 공동체를 언급하면서 몸을 비유로 드는 것은 이러한 이유 때문이다.

우리 몸은 무수히 많은 기관들로 이루어져 있다. 그러나 이들 신체기관들은 서로 유기적 관계를 유지하기 때문에 하나의 생명체를 존립시킨다. 신체의 어느 한 기관이 자신의 기능을 과도하게 드러내거나 역으로 기능을 급격하게 저하시켜버리면 몸은 심각한 위험에 빠진다. 신체의 어느 한 기관도 사소하거나 불필요한 것은 없다. 또한 신체기관들은 서로의 기능을 조절하여 균형을 잡아나 간다. 균형이 깨지면 생명체가 죽을 수도 있기 때문이다.

특별한 원인 때문에 어느 한 기능이 소멸하거나 저하되었을 때, 우리 몸은 전체적으로 새로운 균형을 취한다. 다른 기능을 보강 하거나 대체함으로 소멸되거나 저하된 기관의 기능을 복구시킨 다. 따라서 바울은 공동체 내에 여러 가지 이유로 믿음이 저하되 거나 낙담하는 이들이 생기면 다른 이들이 그를 위해 기도하고 권면하라고 하였다.

기독교 초기에 교회를 향한 박해가 심했다. 로마의 위협으로 인 해 많은 신앙인들이 교회를 떠나거나 신앙이 약해지는 일이 발 생했다. 이를 위해 바울은 편지로 권면을 하였다. 또한 서로를 위해 기도하기를 게을리 하지 말라고 했다.

3. 영화가 말씀을 만났을 때 : 오감으로 드리는 예배

예배는 하나님과 소통하는 사건이다. 구약시대에는 제물이라는 매개를 통해 하나님과 인간이 사랑을 나누었다. 신약시대에는 기 도를 통해 하나님과 우리가 서로의 마음을 나누고 뜻을 나누고 서로의 관계를 확인한다.

예배는 오감이 작용하는 일이다. 감각을 잃어버려도 사랑을 확 신할 수 있다. 감각 없이 믿음을 확인할 수도 있다. 그러나 그것은 극한 상황이다. 영화는 그런 극한 상황을 일부러 설정해 놓았다. 이것을 영화적 장치라고 한다. 이러한 장치를 통해 감각을 좀 더 부각시키려는 의도가 있다. 예를 들어 영화 〈퍼펙트센스〉에서 눈을 다쳐서 앞을 보지 못하거나 너무 어두워서 아무 것도 볼 수 없는 장면이 등장하는데, 이 때 청각은 더욱 예민해진다. 관객은 귀를 쫑긋 세우고 누가 나타나는지 어떤 사건이 닥칠지를 귀 기울인다. 이렇게 되면 청각은 극대화되고 아주 작은 소리에도 민감해지는 효과를 보인다. 이것은 한쪽 감각을 가려버림으로 다른 쪽을 부각시켜 확대하는 방식을 취하려는 영화의 의도적인 행동이다.

든 자리는 몰라도 난 자리를 안다는 속담이 있다. 누군가 새로 들어온 것은 크게 인식하지 못하지만 누군가가 없어진 것은 잘 인식한다는 뜻을 담고 있다. 우리가 모든 감각을 갖추고 있을 때는 그 중요성을 잘 알지 못하지만 그 감각에 이상이 생기면 우리는 그 감각의 존재 의미를 깊이 깨닫게 된다.

공동체에 누군가 새로 들어오는 것은 잘 모를 수 있다. 그러나 누군가 그 공동체에서 빠져나가게 되면 우리는 그의 빈자리를 잘 알게 된다. 빈자리를 확인했을 때 비로소 우리는 공동체에서 서로가 얼마나 의미 있고 가치 있는 존재인지를 알게 된다. 공동체의 일원이 사라졌을 때야 비로소 그에게 좀 더 잘 해줄 걸 그랬다는 후회를 하거나 잘 해주지 못한 것에 대한 미안함을 갖게 된다. 하나님과의 소통인 예배는 오감을 모두 동원하는 것이 바람직하다. 구약시대의 제사는 오감을 모두 사용하였다. 제물을 드리고 불태워지는 냄새를 맡으며 그 연기가 하늘로 올라가는 것을 바라본다. 제사를 위한 성가대의 찬양이 사방에서 울려난다. 드린

제물은 제사가 끝난 후 나누어 먹기도 한다. 우리 모든 감각을 통해 하나님과 소통하는 것이 제사였다. 그런데 요즘의 예배에는 몇 가지 감각이 빠져있다. 예배에는 주로 시각과 청각을 사용하고 상대적으로 후각이 미각을 덜 사용한다. 향을 드리는 일을 하지 않는 대신 예배 후 애찬을 함께 나눈다.

일부러 예배의 청각적 요소들을 닫고 고요한 중에 침묵하는 기도를 드리거나 소리 없는 예배를 드린다면 우리의 시각은 극대화될 것이다. 또한 눈을 감고 모든 시각적인 요소를 제거하고 예배를 드리면 우리의 청각이 예민해지는 것을 경험할 수 있다. 만일 예배에서 시각적 요소와 청각적 요소를 모두 없애고 눈감고 고요한 중에서 깊은 묵상으로 예배를 드린다면 우리는 또 다른 감각이 열리는 것을 체험하게 될 것이다. 하나님을 감각적으로 만지는 체험을 하게 될 것이다. 이웃의 작은 신음소리가 들리기 시작하고 그들의 고통이 세밀하게 느껴진다.

영화 〈퍼펙트센스〉의 마지막 장면에서 네 가지 감각이 모두 사라졌을 때, 두 사람은 촉각으로 서로를 확인하는 것을 볼 수 있다. 나아가 두 사람이 서로의 사랑을 확인하고 큰 기쁨을 갖는 모습을 완전히 캄캄해진 스크린을 통해 우리는 감지할 수 있게 된다. 감각이 사라져감에 따라 오히려 사랑을 더욱 분명히 알 수 있다는 역설이 영화 속에 펼쳐지고 있다.

4. 영화로 풀어보는 삶 : 예민한 감각기관

몇 가지 물음을 갖는다.

- 내 모든 감각이 열려있지만 나는 하나님과 이웃에 대해 무감각해져 있는것은 아닌가?
- 오감에 철저히 의존하기 때문에 감각 너머에 있는 보이지 않는 하나님의 사랑과 이웃의 사랑을 느끼지 못하고 있는 것은 아닌가?
- 우리는 하나님을 어떻게 알 수 있을까? 생각으로 또는 관념으로 아는 것 인가? 아니면 직감으로 또는 감각적으로 아는 것인가?

우리는 갑자기 우리의 감각 중 어느 한 부분이 약해지거나 문제가 생기면 그제야 비로소 하나님을 생각하게 되거나 이웃을 돌아보았던 경험이 있다. 평소 모든 감각이 제대로 잘 기능을 발휘할 때는 아무 문제의식이 없어 자연스레 살아간다. 지나치게 자연스러운 삶은 점차 무감각한 삶으로 변하게 만들기도 한다.

선지자 '요나'는 하나님의 음성을 듣고서도 자신의 생각대로 일을 펼쳐나갔던 인물이다. 하나님은 그를 큰 고기의 뱃속에 넣는다. 요나는 아무 것도 보이지 않고 아무 것도 들리지 않는 캄캄한 곳에서 3일을 지낸다. 그 속에서 그의 촉각과 후각만이 예민하게 작동한다. 그러나 그에게 전달되는 냄새와 물고기 내부의 피부에 닿는 느낌은 매우 좋지 않다. 썩은 고기들이 가득한 죽음의 냄새와 미끈거리고 끈적끈적한 느낌만이 그의 몸을 휘감는다. 요나는 그곳에서 기도를 드린다. 하나님과 소통하기 위해 진정한 마음으로 기도를 드린다.

열려있는 감각은 정보의 홍수 속으로 우리를 끌고 들어간다. 우리의 감각을 통해 쏟아져 들어오는 정보가 모두 유익하거나 정확한 것은 아니다. 아무 쓸모없는 쓰레기와 같은 정보가 훨씬 많고 오해를 불러일으키거나 잘못 가공된 정보들이 많기 때문이다. 바르게 받아들이기 위해서 우리는 그들 정보를 분류하고 선별하며 바르고 정확한지를 수시로 판단해야 한다.

때론 나 자신의 감각을 신뢰하기 때문에 감각으로 전달되는 것만을 믿기도 한다. 내 눈으로 직접 보거나 내 손으로 직접 만져 보기 전에는 아무 것도 믿지 않는 경우가 있다. 하나님은 우리의 감각 안에도 있지만 감각의 너머에도 존재하고 계시는데, 우리는 너무도 우리의 감각에만 의존하곤 한다.

오감을 통해 전달되는 정보들을 제대로 분석하고 판단하기 위해서 우리는 우리의 감각기관을 일부러 닫을 필요가 있다. 거짓 정보에 수없이 노출되어 있다 보면 우리의 감각기관은 감지능력이 무디어지고 나중에는 아예 그 기능을 잃어 도리어 무감각해지기도 한다. 우리의 감각을 예리하게 만들기 위해서 우리는 종종 감각을 닫는 시간을 가질 필요가 있다. 홀로 골방이나 광야에서 갖는 기도 시간은 우리의 감각기관을 예리하게 다듬는 시간이다.

우리가 무엇을 안다고 하는 것은 직접 경험을 하거나 간접적으로 유추하여 내 경험과 비교하여 축적하거나 논리적으로 판단하여 옳으면 받아들여 인지한다. 종종 하나님을 아는 것도 이러한 방식을 취하곤 한다. 그러나 우리가 아무리 사랑에 관한 서적이나 영화를 보거나, 사랑을 경험한 이의 생생한 경험담을 들어도 우리는 사랑을 정확하게 알 수 없다. 우리가 알고 있는 모든 것을 다 동원하여 추론한다고 해도 사랑을 정확하게 그려낼 수는 없다. 마찬가지로 하나님에 대한 인식은 우리가 아는 것을 종합하거나 추론으로 가능한 것이 아니다. 우리가 직접 듣고 만진 것으로도 하나님을 안다고 할 수는 없다. 때론 우리의 감각을 닫아버릴 때, 하나님에 대해 더 잘 알 수 있기도 하다. 마치 감각을 하나 잃어버렸을 때, 사랑하는 사람에 대해 더욱 예민해지고 분명해지는 것과 유사하다.

5. 내 삶 속에 들어온 영화 : 감각을 민감하게

예전 한 영화감상 모임에 시각 장애인이 함께 했었다. 영화감상이 모두 끝나고 서로의 느낀 점을 토론하는 시간이 있었다. 저마다 자신의 느낌을 이야기하는데, 시각 장애인인 참여자도 토론에 들어왔다. 자신의 느낌을 소상하게 발표하였는데, 마치 영화의 장면을 본 것처럼 분석하였다. 어떻게 그럴 수 있느냐는 질문에 그분은 소리만으로 장면을 연상한다고 했다. 놀랍게도 눈으로 직접 영화 장면을 봤던 다른 사람들보다 훨씬 세밀하게 장면과 그 흐름을 묘사했다.

영화를 상영하면서 볼륨을 완전히 줄이고 감상해본다. 배우들의 움직임과 장면의 변화만을 보면서 소리를 상상해내는 것이다. 배우들이 서로 이야기하는 모습과 입술 움직임만을 보면서 대화내용을 유추해본다. 다시 볼륨을 정상적으로 하고서 감상한다. 장면만을 가지고 상상했던 소리와 그 내용이 얼마나 비슷한지를 가늠해본다.

또한 이번에는 다른 영화를 선택하여 소리는 정상으로 하고서 화면이 보이지 않도록 설정한 후 영화를 감상해본다. 소리만으로 등장인물들의 성격과 모습, 전개 장면을 상상해본다. 가능하면 머릿속에 그려진 인물이나 장면을 스케치해본다. 두 사람 이상이라면 서로 스케치한 것을 교환하여 본다. 영화가 끝나면 모든 영상을 정상으로 해놓고 다시 감상하면서 내가 상상했던 것과 얼마만큼의 차이가 있는지를 가늠해본다.

시간이 많이 소요되는 것이 부담스러우면 일정한 장면을 끊어서 위와 같은 활동을 해보는 것도 좋다. 한편 이와 같은 활동을 몇몇 사람이 함께 체험해보고 서로 의견을 나누는 것도 의미가 있다. 서로 다르게 상상하는 것을 경험할 수 있다. 이런 활동을 통해 자신의 감각기관이 얼마나 민감한지에 대해 다시 한 번 깊게 성찰할 수 있게 된다.

〈더 볼거리〉

《눈먼 자들의 도시, Blindness》(2008)

수용소에 있는 모든 이들은 시력을 잃어 사물을 볼 수 없다.
모든 상황을 오직 주인공만 볼 수 있다.
그런데 그렇게 상황을 제대로 볼 수 있다는 것이
가장 큰 공포이고 두려움이 될지 몰랐다.
본다는 것, 안다는 것이 반드시
행복한 것만은 아님을 말해주고 있다.

《블라인드, Blind》(2011)

연속적인 여대생 실종사건과 뺑소니 사고의 피해자가
동일인물로 밝혀지고 두 명의 목격자가 나타난다.
한 사람은 시각 장애인이고 다른 한 사람은 현장을
두 눈으로 확인한 사람이다.
두 사람이 진술이 엇갈린다.
눈으로 본다는 것이 반드시 진실한 것일까?

《사랑의 레시피, No Reservations》(2007)

요리가 만드는 사람의 손에 의해 제공되는
단순히 먹는 물건이 아니다.
그 바탕에는 인간관계성이라는 의미가 깔려있다.
좋은 재료로 맛있는 음식을 만드는 사람이
훌륭한 요리사가 아니다.
음식은 만드는 이와 먹는 이의 관계성을
회복시키는 감미로운 매개이다.

둘째 주 · 이야기

나를 찾아가는 여행.

예술과 영성

1. 영화 보기 전 생각하기 : 나는 누구인가?

인간은 갇혀있는 삶을 지독스레 견뎌내지 못한다. 물론 인간만 그런 것이 아니다. 모든 살아있는 생물들은 일정 공간과 제한된 시간에 묶여 있거나 갇혀서 살아가는 것을 좋아하지 않는다. 스스로가 만든 상황이기 때문에 어쩔 수 없다는 것을 받아들이기까지 상황을 벗어나려고 처절하게 몸부림친다. 모든 생명체는 자신이 가고 싶은 곳을 마음대로 다니고, 하고 싶은 것을 마음껏 하면서 살기를 원한다. 특히 인간에게 있어 자유는 가장 기본적인 욕구이자 권리이다. 그러나 그런 여건이 항상 주어지는 것은 아니다. 본인이 원하든 원하지 아니하든 간에 때로 자유를 속박당하며 살아가기도 한다.

주변 여건이 나를 속박하기도 하고, 나를 둘러싼 사람들이 나의 마음을 묶어두기도 한다. 그래서 어떤 이들은 나와 관련 있는 모든 관계를 끊고 새로운 환경 속으로 들어가려 한다. 모든 관계성의 근원들을 제거함으로 자유를 얻으려는 시도이다. 또 어떤 이들은 자유를 확보하기 위해 자신을 둘러싼 사회구조를 바꾸려 들기도 한다. 구조가 바뀌면 마음상태가 편안해져 진정한 자유를 느낄 수 있다고 생각하기 때문이다. 그래서 인류가 전쟁과 갈등을 멈추고 진정한 평화를 유지하는 것이야말로 개인이 자유를 얻는 최상의 길이라고 주장한다.

그렇다면 진정한 자유는 어떻게 얻을 수 있을까? 누군가가 내게 선물처럼 주는 것일까 아니면 내가 열심히 노력해서 확보해야 하는 것일까? 만약 자유가 누군가에 의해 주어지는 것이라면 과연 누가 나에게 자유를 줄 것이며 그것은 영원한 것일까?

다른 관점에서 생각하면, 주변 환경이나 나의 상태에 관계없이 나 혼자 자유롭다고 생각하면 되지 않는가 하는 물음을 가질 수 있다. 결국 자유라는 것이 내가 마음먹기에 달려있는 것이 아닌가 하는 생각도 하게 된다. 물론 마음만 자유롭다고 해서 나를 둘러싼 사회구조가 바뀌거나 나의 현재 상태가 변모하는 것은 아니다. 나의 마음이 바뀌어 나의 환경을 서서히 바꿀 수는 있지만, 마음만 바꾼다고 또는 마음을 바꾸어 먹는다고 해서 모든 것이 알아서 해결되는 것은 아니다.

마음에 갈등이 여전하고 근심으로 가득하거나 내 주변 사람들이 불행에 빠져있을 때, 우리는 결코 혼자 편안할 수 없다. 관계라는 줄로 연결된 끈이 우리의 마음을 성가시게 만들기 때문이다. 따라서 우리는 마음만으로 자유를 얻을 수 없으며, 또한 환경의 변화만으로 자유를 얻을 수도 없다. 외부의 모든 여건이 변하여 나를 구속하지 않고, 내면적으로 나와 관련 있는 모든 사람과 사건들이 편안해야 우리는 진정한 자유를 맛볼 수 있다. 내적 외적으로 절대적인 평화를 이루는 것이 자유를 얻는 가장 좋은 길이다.

문제는 내가 자유롭지 못할 때, 나 스스로 자유를 획득하기가 너무도 어렵다는 사실이다. 자유를 한 번도 맛보지 않았거나, 삶에 치여 자유를 획득할 가망이 전혀 없는 이들이 진정한 자유를 누리기란 거의 불가능하다. 내적인 자유에 대한 갈망과 외적인 자유에 대한 변화가 완전히 일치되었을 때 진정한 자유를 얻을 수 있다. 이것은 병아리가 알을 깨고 나오기 위해 부단히 애쓰는 것과 병아리가 나올 수 있도록 어미 새가 밖에서 작은 단서를 제공하는 줄탁동시(啐啄同時)에 비유할 수 있다.

■ 영화 정보

제목 : 《워 호스, War Horse》

(2011)

감독 : 스티븐 스필버그

(Steven Spielberg)

● 컴버배치(Benedict Cumberbatch

스튜어트 역)

● 등급 : (국내) 12세 관람가

● 상영시간 : 146분

● 국내개봉 : 2012년 2월 9일

　묵상할 영화는 스티븐 스필버그 감독이 제작 및 연출을 맡은 영화 《워 호스 War Horse, 2011》이다. 제84회 아카데미 총 6개 부문 노미네이트(최우수 작품상, 촬영상, 미술상, 음악상, 음향상, 음악편집상)된 작품이고, 제69회 골든 글로브 최우수 작품상과 음악상 2개 부문에 노미네이트되었던 작품이다. 이 외에도 NBR Award에서 최우수 작품상을 수상했고, Critics Choice Award에서는 최우수 작품상을 포함한 7개 부문 노미네이트, 타임 매거진 선정 '2011 최고의 영화' Top 10에 드는 등 다양한 분야에서 작품성을 인정받으며 화제를 불러 모은 작품이다.

　사람과 동물의 교감을 소재로 한 영화는 많다. 동물의 종류도 다양하다. 특별히 서구인들의 마음속에 강하게 자리하고 있는 것은 말(Horse)이다. 마치 동양인의 마음속에 소(Bull/Cow)가 자리하고 있는 것과 유사하다. 대부분의 영화는 인간을 중심으로 전개된다. 인간이 동물을 바라보는 것으로 영화를 진행한다. 초점, 즉 카메라가 인간을 중심으로 움직인다. 그러나 《워 호스》는 말을 중심으로 이야기가 전개된다. 말의 움직임을 따라 카메라가 진행하고, 말이 주인공으로 활동한다. 카메라는 말의 감정을 표현하기 위해 매우 가까이(클로즈 업) 다가간다.

영화 《워 호스》에는 많은 대립이 드러난다. 대립을 극대화하기 위해 장면을 병렬로 배치한다. 다음에 일어날 불행한 일들에 대한 감정을 극대화시키기 위해 영화의 도입부는 평화스러운 장면을 보여준다. 농사짓는 어느 가족의 일상과 그들의 애환 그리고 사고치는 아버지와 바라보는 어머니가 나온다. 특별히 주목하고 싶은 것이 여성의 시각이다. 여성의 시각은 남성과 조금 다르다. 전쟁을 보는 시각이나, 삶과 죽음 그리고 인생에 대한 관점도 약간 다르다.

영화 속에는 많은 대립 또는 갈등요소들이 존재한다. 남성과 여성, 전쟁과 평화, 경쟁심과 기다림, 기계와 농업 등이다. 1차 세계대전을 배경으로 하고 있기 때문에 기계와 동물이 공존한다. 총을 쏘고 수류탄을 던지는 전쟁이지만 군인들은 여전히 말을 타고 칼을 휘두른다. 대포와 군수품을 말이 실어 나른다. 새롭게 트럭과 탱크가 등장하지만 군인들은 걷거나 말을 타면서 전투를 벌이는 장면이 등장한다.

전쟁은 모든 꿈을 앗아간다. 또한 모든 관계성을 파괴시킨다. 아무리 명분을 좋게 만들어도 전쟁은 결코 좋을 수 없다. 인간의 신뢰를 무너뜨릴 뿐만 아니라, 인간다움의 품위를 잃게도 만든다. 주인공인 말은 전쟁터에서 많은 사건들을 경험한다. 왜 싸우는지도 모르고 무수한 젊은이들이 죽어가는 것을 똑똑히 목격한다.

끝부분의 장면은 너무도 가슴 섬뜩하면서 아픈 장면이다. 영상미의 극치를 보여주는 부분이다. 사실적인 표현기법으로 잔혹함을 더욱 부각시켜 보여줄 수도 있지만, 스필버그는 그것을 택하지 않는다. 장면을 연속적 나열하지 않고 장면과 장면을 건너뜀으로 관객들로 하여금 완성하게 만들거나, 강조하려는 장면만 연결하는 영화기법(몽타주)으로 전쟁의 잔혹함을 묘사한다.

스필버그는 말의 새로운 관점을 보여줌으로 색다른 시도를 한다. 일반적으로 말은 곧 전쟁이라는 이미지를 가지고 있다. 말은 전쟁에 임하여 용감하게 전투하는 동물로 표현된다. 영화 《워 호스》는 그러한 말의 이미지를 뒤집는다. 《워 호스》는 말이 평화의 상징이 될 수 있다는 역설을 통해 평화에 대한 메시지를 전달하려 한다.

2. 영화로 상상하는 말씀 : 온전한 관계회복

시편 124편

1. (다윗의 시, 성전에 올라가는 순례자의 노래) 이스라엘아, 대답해 보아라. 주께서 우리 편이 아니셨다면, 우리가 어떠하였겠느냐?
2. "주께서 우리 편이 아니셨다면, 원수들이 우리를 치러 일어났을 때에,
3. 원수들이 우리에게 큰 분노를 터뜨려서, 우리를 산 채로 집어삼켰을 것이며,
4. 물이 우리를 덮어, 홍수가 우리를 휩쓸어 갔을 것이며,
5. 넘치는 물결이 우리의 영혼을 삼키고 말았을 것이다."
6. 우리를 원수의 이에 찢길 먹이가 되지 않게 하셨다. 주님을 찬송하여라.
7. 새가 사냥꾼의 그물에서 벗어남같이 우리의 목숨을 건져내셨다. 그물은 찢어지고, 우리는 풀려났다.
8. 우리의 도움은 천지를 지으신 주의 이름 안에 있다.

우리의 자유를 가로막는 장애물은 다름 아닌 우리의 죄이다. 죄는 모든 관계를 분리시키고 파괴하는 강력한 힘을 가지고 있다. 첫 사람 아담은 죄를 지음으로 하나님과의 관계, 아내와의 관계, 자연과의 관계를 모두 깨트려버렸다. 죄로 인해 순전하고 온전한 관계성을 유지하며 자유롭게 살았던 에덴동산으로부터 내어 쫓겨나게 되었다. 에덴의 상실은 곧 자유의 상실이 되었다. 자기 스스로 관계성과 자유를 회복할 수 있는 길은 더 이상 없었다.

하나님은 이러한 상실을 회복시키기 위해 두 번째 사람인 예수 그리스도를 이 땅에 보내셨다. 예수 그리스도는 관계성과 자유의 회복을 위해 자신의 생명을 희생한다. 요한 일서는 이것을 가리켜 "화목제물[iJlasmo¡ç]"이라고 한다. 이것은 '속죄자' '사죄'라는 의미이고, 화목(和睦)으로 표현되는 이 단어는 '서로 뜻이 맞고 정답다'는 의미를 지니고 있다. 예수 그리스도는 자신의 전 존재를 버리고 이 땅에 오셨다. 이 땅에서도 자신이 원하는 모든 것을 버렸다. 다른 사람에게 구원을 주기 위해 자신의 모든 것을 버렸다.

하나님은 우리를 사랑하신다. 우리가 죄로 인해 분열되고 왜곡되어 가는 모습을 보면서 마음 아파하신다. 우리에게 최초 동산인 에덴에서 살았던 아름다운 모습을 회복하기 원하신다. 죄의 관성으로부터 벗어나기 힘든 인류를 위해 드디어 비장한 결단을 하신다. 사랑의 절정은 사랑하는 이를 위해 나를 내어버리는 것이다. 사랑의 극치를 하나님은 몸소 보여주시기로 결심하신다.

민주주의라는 나무는 피를 먹고 자란다고 토마스 제퍼슨이 말했다. 누군가의 희생과 헌신에 의해 귀한 것들이 확보된다. 구원이라는 인류의 궁극적인 가치를 얻는 일은 온 생명을 내어놓는 희생 없이는 불가능하다. 하나님은 자신과 동일하며 자신인 아들 예수 그리스도를 세상으로 보낸다. 낙원의 상실로 인해 인류가 겪는 어그러짐과 추함 그리고 자유 없는 영원한 구속함으로부터 건져내기 위해 당신 스스로를 희생하기로 마음먹으신 것이다.

화목하기 위해서는 누군가 희생을 해야 한다. 누군가 씨앗을 뿌려야하는데 사람들은 누군가 뿌릴 것이고 희생할 것이라 생각한다. 그 누군가를 막연히 기다릴 뿐 결코 자신을 희생하려 하지 않는다. 화목하기를 원하면서 누구도 그것을 위해 좀처럼 뛰어들려고 하지 않는다.

세상은 화평케 하는 사람을 기다린다. 힘겨운 삶 속에서, 분열과 대결이 만연한 세상 속에서 진정 세상을 화평케 만들어줄 사람을 기다린다. 그러나 에베소서 2장 13~18절은 우리에게 화평을 막연히 기다리라고 하지 않는다. 이제 우리에게 화평을 이루라고 말씀하신다. 하나님의 아들은 화평을 성취하게 하는 분이다. 평화의 왕으로 오신 예수님도 팔복선언을 통해 우리에게 화평하라고 말씀하신다. "평화를 이루는 사람은 복이 있다. 그들이 하나님의 자녀라고 불릴 것이다."(마 5:9)

3. 영화가 말씀을 만났을 때 : 막힌 담을 헐고

전쟁터에 '노 맨스 랜드(No Man's Land)'라는 공간이 있다. 아군과 적군이 마주대하고 있는 그 중간지대를 말한다. 격렬한 전투 사이 숨을 돌리기 위해 잠시 쉬는 이 시간에 어떤 생명체도 지나갈 수 없는 대치 공간이 형성되는데 이것이 '노 맨스 랜드'이다. 이 공간이 존재하는 때는 전투를 중단하고 잠시 쉬는 순간뿐이다. 양쪽에서 언제라도 총알을 쏟아 부을 수 있기 때문에 실은 가장 위험한 공간이다. 그 공간에는 어떤 사람도 머물러 있을 수 없기 때문에 그렇게 이름을 부른다.

움직이는 어떤 사람도 없고 총알과 폭탄이 난무하는 전투도 없어 겉으로 보기에는 매우 고요한 공간이지만, 죽음을 기다리는 잔인하고 무서운 공간이다. 언제라도 전투가 벌어질 수 있는, 그래서 긴장감이 극도에 달하고 있는 치열한 공간이다. 지뢰와 철조망이 가득한 죽음의 공간이고 서로가 소통할 수 없는 절망의 공간이다. 이 공간을 '조이'가 내리달린다. 온 몸으로 철조망 가시를 안고 피투성이가 된 채, '노 맨스 랜드'를 가로 질러 달린다.

중간의 막힌 담을 허시기 위해 예수 그리스도는 이 땅에 오셨다. 대립과 갈등, 반복과 경쟁으로 얼룩진 인간의 대립구조를 온 몸으로 깨뜨리기 위해 십자가를 지셨다. 죄로 인해 생겨난 대립구조는 하나님과 인간을 또한 대립 항으로 만들었다. 이러한 대립구조는 인간이 더 이상 살 수 없는 '노 맨스 랜드'를 더욱 확장시켰다.

단지 싸움의 멈춤이 분열된 세상을 다시 회복하는 것은 아니다. 단지 싸움하던 것을 그치고 일시적인 휴전에 들어갈 뿐이다. 지금 세상은 온통 휴전 중이다. 전쟁을 잠시 쉬고 있을 뿐, 서로 마음속에 날선 대립각을 세우고 있어 언제라도 싸움을 할 준비를 갖추고 있다. 이러한 소극적 평화로는 진정한 자유를 회복할 수 없다. 눈앞에 싸움하는 일이 보이지 않는다고 평화라고 할 수 없다. 긴장감이 팽팽한 휴전상태의 평화는 거짓평화이고 위장한 전쟁일 뿐이다. 주님은 진정한 평화를 이 땅에 주기 위해 오셨다. 인류가 스스로 평화를 이룰 수 없어 친히 이 땅에 오셔서 자신의 생명을 주심으로 세상에 평화를 주었다.

주인공인 말(조이)은 전쟁터에서 부상을 당한다. 영화 속 아들(스튜어트)도 부상을 당하지만 드디어 조이를 다시 만난다. 남들은 모르지만 서로는 서로를 알아본다. 부상당한 몸을 서로 부둥켜안고 기뻐할 때, 드디어 전쟁은 끝이 난다. 다시는 울리지 않을 것 같던 전쟁의 끝을 알리는 종이 울린다. 그러나 이들의 기쁨도 잠시뿐이다. 전쟁에 동원되었던 말들은 모두 공매 처분해야 한다는 명령이 내린다. 또 다시 조이와 스튜어트에게 죽음이라는 슬픔이 급습한다.

다행인 것은 진심은 진심을 알아본다는 것이다. 영화의 마지막 장면은 모든 것이 회복되는 모습으로 그려진다. 대립의 극치인 전쟁은 마무리되고 헤어졌던 가족들은 다시 만나게 된다. 전쟁이라는 무거운 짐을 모두 벗어던지고 사랑하는 이들이 함께 만나는 아름다운 시간을 맞이하게 된다. 마침내 평화가 회복되면서 모든 가족은 더 이상 누구의 명령이나 위협도 받지 않는 진정한 자유를 누리게 된다.

신앙인은 사람 없는 죽음의 땅을 사람 사는 생명의 땅으로 바꾸는 이들이다. 신앙인은 서로의 손을 잡고 격려한다. 생명을 살리는 일을 위해서 앞서 달려 나가는 이들이다. 생명을 향한 용기를 지닌 이들이다. 예수 그리스도를 닮아가는 작은 예수로서 그리스도인들은 예수 그리스도가 그리했던 것처럼 우리의 삶 곳곳에서 화목의 제물이 되어야 한다.

4. 영화로 풀어보는 삶 : 만남의 기적

삶에서 만남은 소중하다. 누구와 만나며 어떻게 만나는가 하는 것이 그 다음의 사건들을 이끌어 간다. 너무도 소중하기 때문에 만남을 운명적이라고 말하기도 한다. 잘못된 만남은 불행한 결과를 낳기도 하고 바람직한 만남은 인생을 귀하게 변화시키기도 한다.

의도적으로 만남을 유도할 수도 있지만 상당수의 만남은 의도하지 않았음에도 일어난다. 사람과 사람의 만남도 의미가 있지만 사물이나 자연 그리고 절대적 존재와의 만남도 중요한 의미를 지닌다.

소년과 말의 만남은 소년의 일생의 관점과 방향을 바꾸는 중요한 계기가 된다. 시골의 평범한 삶을 살던 소년은 말과의 만남을 통해 많은 변화를 겪게 된다. 소년은 말과의 만남으로 세상을 보는 눈이 열리고 행복과 불행의 경계를 파악하기 시작하며 지켜야 할 소중한 것들과 의미 없는 것들에 대해 분별하기 시작한다. 무엇보다 삶의 진정한 가치와 행복을 알게 된다.

말의 입장에서 보면 만남의 의미는 더욱 크다. 말로선 누가 주인이 되느냐에 따라 하는 일이나 역할이 달라진다. 누구에 의해 부림을 당하느냐에 따라 심지어 생사가 갈라지기도 한다. 말은 농사를 짓는 말에서 경주를 하는 말로 그리고 전투를 하는 말 등으로 그 역할이 바뀐다. 그런 변화는 말의 선택에 의한 것이 아니라 말을 소유한 주인의 의도에 따라 일어난다. 누구의 손에 고삐가 쥐어지느냐에 따라 말에게는 많은 변화가 일어난다.

여기 영화 속에 감추어진 여러 다른 만남들이 있다. 아버지와 어머니의 만남도 그 중의 하나이다. 영화는 간간이 그들의 만남이 어떠했는지에 대한 정보를 제공한다. 그 두 사람의 만남으로 현재의 삶이 진행되고 있기 때문이다. 또한 주변의 사람들과 일시적 또는 한시적으로 만남을 이루기도 한다. 그런가 하면 가족이나 신앙처럼 평생을 진행하는 만남도 있다. 만남이 지속적으로 연결되어 가정을 이루기도 하고 마을을 이루기도 하고 국가를 이루기도 한다.

잘못된 만남은 힘겨운 시간을 지내도록 만든다. 억지의 만남은 즐겁지 않다. 잘못된 만남이나 억지 만남은 불행한 시간을 경험하게 하고 결국 어그러지고 깨어지는 결과를 낳아 일생일대의 상처로 남는다. 각 개인의 선천적으로 부여받은 요소들은 다양한 만남을 통해 변화하거나 새로운 길을 걷게 된다.

따라서 우리의 만남은 어떠했는지 돌아볼 필요가 있다. 무엇보다 신앙 안에서 진행되는 만남은 어떠한지 그리고 가정과 직장, 모임과 사회에서 이루어지고 있는 만남은 어떠한지를 점검할 필요가 있다. 이것은 우리 인생의 가치와 의미를 점검하는 일이고, 앞으로 남아 있는 삶을 어떻게 의미 있게 살아가느냐 하는 것을 결정하는 다림줄이 되기 때문이다.

소년과 말의 만남은 아름다운 만남이었다. 힘겨운 일들을 겪지만 소년과 말은 만남으로 인해 어려움을 극복할 수 있게 된다. 우리는 이런 귀한 만남을 얼마나 어떻게 경험했는지 돌아볼 일이다. 특히 내 인생에 결정적인 변화를 준 예수 그리스도와의 만남이 어떠했는지를 되돌아보는 것은 신앙의 길을 지속적으로 걷는 데 큰 힘을 준다.

주님은 우리 삶의 모든 만남의 주인이시다. 만남의 연속인 우리 삶을 주관하시는 분이시다. 우리 삶에 귀한 만남이 일어나도록 움직이시고 역사하시는 분이시다. 작게는 나로 하여금 결단하려는 마음을 주관하시고 크게는 민족과 민족, 국가와 국가의 흥망성쇠를 주관하신다. 의도적인 만남이든, 의도적이 아닌 만남이든 그분께 모두 맡기는 것은 중요하다. 내가 무엇을 이루겠다고 욕심을 부리고 온갖 방법을 동원하여 성취해보려 하지만 마음대로 되지 않는 일이 훨씬 많다는 것을 종종 경험한다. 무엇보다 만남은 마음대로 이루어지는 일이 아니다. 만남은 어떤 보이지 않는 손에 의해 이루어지는 불가항력적이고 예측불가능한 일이다. 내 인생의 만남이란 사건을 주께 맡기는 것은 행복한 삶을 살 수 있는 지혜로운 일이다.

5. 내 삶 속에 들어온 영화 : 만남을 위한 희생

■ 만남을 주선하기 : 서로 만난 적이 없는 나의 친구를 서로 소개해본다. 이 일을 통해 사람 사이에서 서로를 연결하는 일이 언뜻 보면 쉬울 것 같지만 결코 그렇지 않다는 것을 경험하게 된다. 모두에게 행복감을 줄 수 있는 만남을 주선하기란 더욱 어렵다. 어느 한 쪽만 만족한다면 제대로 된 만남이라고 할 수 없기 때문이다.

누군가 노력하지 않으면 두 사람은 평생 만나지 못할 수도 있다. 서로를 연결하기 위해서는 누군가가 희생하지 않으면 안 된다. 무엇보다 서로를 모두 알지 못하면 연결해줄 수가 없다. 예수 그리스도가 중재자 일 수 있는 것은 하나님 곁에 계시다가 몸소 이 땅에 와서 사람들과 함께 지냈기 때문이다. 그리고 인간의 가장 근원적인 불행인 죽음을 맛보고 그것을 극복하는 길을 여셨다. 그렇기 때문에 하나님과 사람을 연결할 수 있는 유일한 분이 되신 것이다.

■ 어쩔 수 없이 해야 하는 일과 내가 좋아서 선택한 일 분류하기 : 나이가 든다는 것은 어쩔 수 없이 해야만 하는 일들이 늘어난다는 것이다. 가족을 위해 싫어도 직장을 다녀야 하고 입에서 별로 당기지 않지만 건강을 위해 먹어주기도 한다. 서로에게 피해를 주지 않기 위해 참고 견디거나 내 마음대로 일을 저지르지 못

하는 경우가 많다. 그러나 젊을수록 자기가 하고 싶은 대로 떠나기도 하고 머물기도 한다.

나에게 남아있는 일을 찾아본다. 정말 좋아서 내 스스로 선택하여 즐겁게 할 수 있는 일이 무엇이 남아있는지를 적어본다. 아직 하고 싶고 할 수 있는 일들이 많이 남아 있다면 감사할 일이다. 그러나 그렇지 못하다면 다시 한 번 새롭게 마음을 다져 결단할 필요가 있다.

■ 차이를 극복한 만남을 주제로 한 영화 감상하기 : 어린 아이와 노인의 만남 그리고 우정을 그린 영화가 있다. 피부색이 서로 다른 사람이 친구가 되어가는 영화도 있다. 신분이나 나이, 지역이나 언어의 차이를 극복하고 좋은 관계를 만들어가는 과정을 그린 영화들을 찾아서 감상하고 서로 이야기를 나눈다.

〈 더 볼거리 〉

《노 맨스 랜드, No Man's Land》(2001)

양쪽 병사가 총구를 겨누고 있어 아무도 없는 전선의
중간 지역을 '노 맨스 랜드(No Man's Land)'라고 한다.
정찰을 나갔던 두 병사 중 한 병사가 지뢰를 밟아
이 지역에 남게 된다.
잠시 세계 언론이 집중되지만 지뢰를 제거할 방법이 없어
결국 방치되고 만다.

《마이웨이, My Way》(2011)

1930년대 제2의 손기정을 꿈꾸는 '준식'과
일본 최고의 마라톤 대표선수 '타츠오'는 어린 시절부터
서로 강한 경쟁의식을 갖고 자란다.
준식은 예기치 못한 사건에 휘말려
일본군에 강제 징집되는데,
일 년 뒤 일본군 대위가 된 타츠오와
운명적인 재회를 하게 된다.

《빠삐용, Papillon》(1973)

억울하게 감옥에 들어간 주인공은 탈출을 시도한다.
발각되어 또 다른 감옥에서 생활하지만
탈옥의 꿈은 버리지 않는다.
드디어 죄수들만이 사는 외딴 섬에 유배되고 거기서
안락하게 살아가고 있는 다른 죄수를 만난다.
그러나 주인공은 또 다른 탈출을 꿈꾼다.

세째주 · 이야기

사람에 대한 희망 ·

예술과영성

1. 영화 보기 전 생각하기 : 꿈을 안고 산다는 것

프랑스의 작가 장 지오노(Jean Giono)의 대표 저작인 《나무를 심은 사람》에 등장하는 젊은이의 독백 중에 다음과 같은 문구가 등장한다. "더구나 20살 때, 쉰 살 된 사람은 죽는 것밖에 할 일이 없는 노인으로 여겼기 때문이다." 젊은 사람이 볼 때 나이 많은 사람은 더 이상 아무 희망도 없고 특별히 할 일도 없는 분이라고 생각한다는 솔직한 마음을 말한 것이다. 물론 나중에 주인공은 그 노인이 말없이 나무를 심어왔기에 온 산이 생명력 넘치게 되었다는 것을 알게 된다. 그래서 말 수가 적은 한 노인이 온 산을 변화시키고 사람들을 변화시키는 엄청난 일을 평생 했다고 말한다. 하나님의 일을 구체적으로 실천하는 진정한 하나님의 종이었다고 고백한다.

젊은 시절에 나이 든 분들을 보면서 아무 것도 할 일이 없는 분이라고 생각할 수 있다. 자녀도 다 키워내고 자신의 일도 모두 끝나 퇴직한 분들에게 더 이상 무슨 꿈이 있겠느냐고 반문할 수도 있다. 그러나 중요한 것은 나이가 많고 적음이 아니라는 사실이다. 정말로 중요한 것은 꿈을 갖고 사느냐 아니면 아무런 꿈도 없이 그저 시간을 보내며 사느냐 하는 것이다. 사람이 살아가는 데 꿈만큼 소중한 것은 없다. 꿈을 잃어버린 순간, 그는 이미 죽은 사람과 다름이 없는 삶을 사는 것이다. 역으로 아무리 나이가 들어도 꿈을 가지고 그것을 실현하기 위해 노력한다면 그는 살아 있는 사람이라 할 수 있다. 인간에게 죽음이란 단어는 포기라는 단어와 동격이기 때문이다.

그러나 무턱대고 꿈만 가지면 되는 것은 아니다. 어떤 꿈을 갖느냐 하는 것 또한 중요하다. 조폭이나 도둑들에게도 나름대로 목표가 있다. 오히려 도둑은 자신들의 일을 성취하기 위해 목표에 대단히 몰입한다. 조폭들은 자신들의 구역을 지키거나 남의 구역을 차지하려는 목표를 갖고 있다. 그 꿈을 반드시 이루기 위해 모든 수단과 방법을 동원한다. 꿈을 갖는 것만 중요한 것이 아니라 어떤 꿈을 꾸느냐 하는 것 또한 중요하다.

꿈을 꾸고 그것에 집중하게 되면 그 꿈은 구체화될 가능성이 높다. 약속을 굳게 믿고 나아가는 사람은 그 약속을 이룰 가능성이 높다. 그러나 불가능할 것이라고 미리 결정해버리고 나면 그 일을 향해 나아가는 마음 자세가 약하기 때문에 그 성취는 더욱 불투명해지고 만다. 꿈은 구체화될 때 의미가 있다. 구체화되지 않는 꿈은 몽상에 불과하다. 몽상이 지나치면 정신적으로 문제를 발생시킬 수 있다.

하나님은 우리에게 아름다운 꿈을 꿀 수 있는 권리를 주셨다. 현재 상황 때문에 주저앉고 마는 것이 아니라 믿음으로 넘어설 수 있는 방안을 마련해주었다. 이제 우리는 아름다운 꿈을 꾸면 된다. 포기하지 말고 아름다운 꿈을 이루기 위해 마음을 열고 맞이하면 된다. 마음을 닫고 타인과의 관계와 소통을 끊어버리면 점차 스스로 환경에 매몰되어 헤어나지 못하게 된다. 꿈은 창을 내고 창밖을 내다보는 일과 같다. 꿈을 꾸는 것은 사방 벽으로 둘러싸인 공간 안에서 창문을 열고 하늘의 별을 바라보는 사건이다.

모두가 이젠 시간이 멈추어버린 인생이라고 치부할 때, 새로운 꿈으로 일어서는 노인들의 의연한 생동감을 살펴보고자 한다. 영화는 노인뿐만 아니라 언젠가 노인이 될 모든 젊은 사람들에게도 현재 시간을 소중하게 가꾸어갈 수 있는 단초를 제공해줄 것이다.

■ 영화 정보

제목 : 《송포유, Song For
　　　Marion》(2012)

감독 : 폴 앤드류 윌리엄스
　　　(Paul Andrew Williams)

● 테렌스 스탬프(Terence Stamp,
　아서 역), 바네사 레드그레이브
　(Vanessa Redgrave, 메리언 역),
　젬마 아터튼(Gemma Arterton,
　엘리자베스 역)

● 등급 : (국내) 12세 관람가

● 상영시간 : 93분

● 국내개봉 : 2013년 4월 18일

　고집스런 한 할아버지가 등장한다. 자신의 아내를 무척 사랑하
지만 자신의 마음을 드러내어 표현하는 것에 무척 서툰 노인이
다. 연로한 할머니는 노인 합창단에 들어가 노래하는 것을 무척
좋아한다. 무보수로 봉사하는 젊은 지휘자는 노인들에게 꿈을 갖
게 하기 위해 열심히 합창을 지도한다. 무뚝뚝한 할아버지는 할
머니를 열심히 합창연습 장소에 데려오고 데리고 간다. 아내를
향한 사랑은 누구 못지않기 때문이다. 지휘자와 다른 합창단원
들이 할아버지도 합창단에 들어와 함께 하기를 권유한다. 그러
나 할아버지는 완고하다. 여성들이나 하는 일이고 늙고 초라한
이들이 구차스럽게 하는 일이라고 치부해버린다.

　세상을 떠나기 직전, 할머니는 할아버지에게 나를 위해 노래를
불러달라는 유언을 남긴다. 할머니가 떠나고 난 뒤, 할아버지는

할머니의 유언을 따라 마지못해 합창단에 들어간다. 스스로 거북스러워할 뿐 아니라 다른 노인들과 사귀는 것에도 쉽지 않은 할아버지였기 때문에 처음에는 매우 힘겨워한다. 그러나 차츰 노래의 맛을 알기 시작하고 함께 노래하는 것에서 오는 힘을 감지하기 시작한다.

드디어 할아버지는 할머니가 죽기 전에 마지막으로 참여하고 싶어 했던 합창대회를 준비하기로 한다. 모두가 한 마음이 되어 합창대회장을 향한다. 그러나 합창단의 준비미비로 대회 참여가 허락되지 않는다. 풀이 죽어 돌아오는 길에 할아버지는 그래도 합창을 해야 한다고 고집을 피운다. 겨우겨우 대회의 마지막 특별 순서로 합창연주가 허락된다. 합창연주 중에 할아버지가 독창을 한다. 할머니에게 바치는 노래이다. 할아버지는 할머니에 대한 사랑을 노래로 표현한다. 진실한 마음으로 부른 노래는 청중의 마음을 울린다.

영화는 단순한 이야기 구조로 이루어져 있다. 반복되는 몇 개의 장면이 연속된다. 영화는 이야기 흐름을 중심으로 전개되기보다는 할아버지와 할머니 그리고 그들을 바라보는 젊은 지휘자의 내면과 그 변화의 흐름에 초점이 맞춰져 있다. 카메라는 내면을 표현해내기 위해 주인공의 얼굴에 집중한다. 근접촬영을 통해 나이 많은 배우들의 주름진 얼굴을 매우 섬세하게 그려낸다.

얼굴은 내면 상태를 표현해낼 수 있는 소중한 곳이다. 얼굴의 변화로 감정의 변이를 그려낼 수 있고 얼굴의 상태로 내면의 심리상태를 묘사할 수 있다. 그래서 잘 훈련된 배우들은 이중적인 심리를 드러내거나 심지어 겉으로 드러나지 않는 복잡한 내면세

계까지 얼굴을 통해 표현해내기도 한다. 합창 연습장면이 많이 등장하고 노래하는 장면이 나오지만 정작 노래를 통한 감동은 크지 않다. 영화가 전달하려는 메시지가 음악에 있지 않기 때문이다. 할아버지가 부르는 노래의 노랫말에 의미가 녹아있고 노래를 부르는 노인들의 표정 속에 메시지가 스며있기 때문이다. 몸 불편하여 힘들어하는 장면이 여럿 등장하지만 여전히 희망으로 사는 노인들의 표정에서 우리는 감동을 받는다.

2. 영화로 상상하는 말씀 : 희망은 사랑이다

로마서 5장 1-5절

1. 그러므로 우리는 믿음으로 의롭게 하여 주심을 받았으니, 우리 주 예수 그리스도로 말미암아 하나님과 더불어 평화를 누립니다.
2. 우리는 또한, 그리스도로 말미암아 지금 서 있는 이 은혜의 자리에 믿음으로 나아왔고, 하나님의 영광의 자리에 참여할 소망을 품고 자랑을 합니다.
3. 그뿐만 아니라, 우리는 환난 가운데서도 자랑을 합니다. 우리가, 환난은 인내를 낳고,
4. 인내는 품격을 낳고, 품격은 희망을 낳는 줄을 알고 있기 때문입니다.
5. 이 희망은 우리를 실망시키지 않습니다. 그것은, 하나님께서 우리에게 주신 성령으로 하나님의 사랑을 우리 마음속에 부어 주셨기 때문입니다.

인생을 사는 것은 힘겹고 지루한 길을 걷는 일이다. 누구도 대신할 수 없는 나만의 길을 아무런 안내책자 없이 걷는 일이다. 어

떤 이는 다행스럽게 제 길을 단번에 찾아 잘 가지만, 어떤 이는 제 길을 찾지 못해 많은 시간을 허비하며 살아가기도 한다. 인생의 길을 걸을 때 가야할 방향을 안다는 것은 대단히 중요한 일이다. 방향을 모르기 때문에 시간을 허비하거나 여전히 방향감각을 잃고 어슬렁대곤 한다.

신앙생활은 인생의 방향을 잡아가는 일이다. 예수 그리스도는 우리가 가야할 방향과 가는 방법을 몸소 보여주셨다. 이제 성령께서 우리에게 인생의 가야할 방향과 방법을 알려준다. 늘 평탄한 길만 있는 것이 아니다. 갑자기 잘 가던 길이 뚝 잘려 걸음을 멈춰야 하는 때도 있고, 우리의 발목을 잡아 앞으로 가는 것을 불편하게 하는 늪지대나 사막을 만나기도 한다. 아무리 힘든 길도 걸을 수 있는 것은 우리에게 방향을 알려주는 안내자가 되고, 힘들 때면 함께 이야기를 나눌 수 있는 친구가 되어주는 성령이 동행하기 때문이다.

초대교회가 겪었던 고난을 현대에 사는 우리들이 실감하기란 쉽지 않다. 하루하루를 삶과 죽음 사이에서 걸어야 했고, 복음을 전하는 것은 곧장 죽음으로 이어질 수 있는 극악한 상황에서 함께 모여 기도하고 찬양하는 초대교인들의 신앙생활은 우리의 상상을 초월한다.

암울함으로 가득했던 초대교회시절에 신앙인들은 무엇을 바라보고 살았을까? 낙담하거나 좌절하지 않고 믿음을 굳건하게 지켜나갈 수 있었던 힘의 근원은 무엇이었을까? 무엇이 죽음의 위협에도 굴하지 않는 담대함을 유지하게 만들었을까?

성경본문은 하나님께서 성령을 통해 하나님의 사랑을 마음속에 부어주셨기 때문이라고 말씀한다. 먼저 예수 그리스도로 말미암아 평화와 믿음 그리고 소망을 품게 되었고 환란 속에서도 이러한 것들을 자랑할 수 있었다고 말씀한다. 이제 그리스도 이후 성령께서 오셔서 하나님의 사랑을 주셨기 때문에 환난 가운데서도 희망을 품을 수 있게 되었다고 로마서는 고백한다.

신앙인에게 희망이란 마른 그루터기에서 새싹이 돋게 하는 일이다. "그러나 밤나무나 상수리나무가 잘릴 때에 그루터기는 남듯이, 거룩한 씨는 남아서, 그 땅에서 그루터기가 될 것이다."(사 6:13) "이새의 줄기에서 한 싹이 나며 그 뿌리에서 한 가지가 자라서 열매를 맺는다."(사 11:1) 믿음은 생명이 없는 메마른 땅위에 생명을 넘치게 하는 일이다. 신앙인의 희망이란 벼랑 끝에 서서 한발 더 내달아도 절벽 아래로 추락하지 않고 거대한 믿음의 날개를 펴고 창공을 날아가는 일이다. 모두가 끝이라고 말하는 그 극한점에서 새로운 시작을 꿈꾸는 일이다.

3. 영화가 말씀을 만났을 때 : 옛 것을 버릴 수 있는 용기

여러 영화에서 주인공들이 마지막까지 살아남는 것을 종종 본다. 주인공이기 때문에 당연히 그래야 하는 것 아니냐고 속단할 수 있다. 다른 조연이나 엑스트라 연기자는 일찍 죽어 더 이상 등장하지 않는 것을 본다. 역시 조연급이거나 엑스트라이기 때문이 아니냐고 쉽게 단정 지을 수 있다. 그러나 실제로 극한 상황에서 끝까지 살아남는 사람과 중도에 탈락하는 사람들을 조사한 보고서에 의하면 영화와 동일한 결론에 이르는 것을 알 수 있다. 현재의 극한 상황에 처했을 때, 자신을 주인공으로 간주하는 이는 그렇지 않은 이들보다 생존력이 강하다는 것이다.

자신을 주인공으로 생각하는 이들은 자신보다는 전체를 돌보고 힘들어하는 이를 도우면서 나아간다. 그러나 그렇지 않은 이들은 자신 하나만 생각하거나 자신에게만 모든 관심을 집중하여 타인을 전혀 배려하지 않고 심지어 타인의 상태를 고려조차 하지 않는다는 사실을 연구자들은 밝혀냈다.

리더십에 관한 연구보고서는 타인의 상황까지 파악하여 책임감 있게 전체를 이끄는 사람은 다른 사람들보다 훨씬 정신적으로 육체적으로 강해진다고 진술한다. 그러나 그를 따르기만 하는 이들은 불평과 불만을 쏟아내기 일쑤이고, 결국 주인공의 리더십을 의심하거나 방해하기도 한다. 그러다 스스로 자신의 삶을 포기하면서 먼저 주저앉고 만다는 것이다.

힘겹기는 모두가 마찬가지이지만 주인공은 끝가지 포기하지 않는 강한 정신력을 지녔고, 먼저 세상을 떠난 이들은 스스로 자신의 생명을 포기하는 순간 온몸의 맥이 풀리고 쓰러져 숨을 거두고 말았다고 보고서는 결론 내린다. 결국 육체의 죽음이란 자기 자신의 포기에서 온다는 것을 의미한다.

에베소서 4장 22-24절은 말씀한다. "여러분은, 지난날의 생활 방식에 얽매여서 허망한 욕정을 따라 살다가 썩어 없어질 옛 사람을 벗어버리고, 마음의 영을 새롭게 하여, 하나님을 따라 참된 의로움과 거룩함으로 지으심을 받은 새 사람을 입으십시오."

우리는 성서가 육체적 나이에 별 관심두지 않는다는 사실을 쉽게 발견할 수 있다. 아브라함은 75세 때 부르심을 받아 약속의 땅인 가나안으로 향한다. 100세가 넘어 하나님으로부터 믿음의 조상이 될 것이라는 약속을 받는다. 예수님 제자들의 연령대는 다양하다. 성서는 그들의 나이가 어떠한지에 대해서 언급이 없다. 여러 상황을 고려할 때 나이 많은 이로부터 젊은 청년에 이르기까지 다양하다. 사사나 선지자의 부르심에 있어 연령은 모두 각각이다.

인류는 마음대로 시간이라는 수치를 만들어놓고 그것으로 인생을 측정하려 든다. 성서는 나이 듦에 대해 특별한 언급이 없다. 육체의 나이가 어떠하든지 상관하지 않는다. 단지 그의 영혼의 상태에 관심을 집중한다. 인용한 에베소서 본문에서 영혼이 새롭게 되어야 하는 것에 집중하고 있다는 것을 알 수 있다. 새사람 되는 것에 대해 상당한 의미와 가치를 부여한다.

새로움은 낡은 것을 버릴 때 얻을 수 있다. 그래서 예수님이 말씀하셨다. "누구든지 내 뒤를 따라오려거든, 자기를 부인하고, 날마다 자기 십자가를 지고 나를 따라오너라."(눅 9:23) 사도 바울도 "형제자매 여러분, 내가 우리 주 예수 그리스도 안에서 여러분에게 거는 나의 자랑을 두고 단언합니다만, 나는 날마다 죽습니다."(고전 15:31)라고 고백한다.

자신의 옛 모습을 버리면 새로운 자신을 찾을 수 있다. 옛 사람을 벗어버리고 새 사람으로 변화할 수 있다. 《송포유》의 주인공은 자신의 아집과 편견을 버리고 새로운 모습으로 변화되었을 때, 세상 떠난 아내에 대한 사랑과 더불어 존재하는 이웃의 가치를 깨닫게 된다. 드디어 나만을 위한 노래를 부르라고 고집 피우던 사람이 당신을 향한 노래를 부르는 사람으로 변화한다.

4. 영화로 풀어보는 삶 : 포기하지 않게 만드는 희망

스스로에게 물어본다.

■ 나이 때문에 하고자 하는 일을 포기한 경험이 있는가? 어떤 이의 말처럼 나이는 숫자에 불과하다. 그럼에도 불구하고 우리는 나이라는 숫자에 얽매여 사는 모습을 본다. 어떤 일을 추진하는데 제일 먼저 나이를 들먹거린다. 나이 때문에 안 된다고 거부당하는 일이 있다. 그러나 더욱 심각한 것은 나이가 많다는 이유로 지레 포기하고 주저앉는 경우이다. 남들이 나의 나이를 문제 삼는 것이 아니라 내가 스스로 나이를 의식하고 문제를 삼는다. 아직 하고자 하는 일들이 많다. 늦었다는 생각은 우리 스스로가 만들어낸 환상이다. 환상을 깨뜨릴 필요가 있다.

■ 남을 위해 노래를 불러준 적이 있는가? 본능적으로 인간은 자기중심적으로 생각하고 행동한다. 타인이 나에게 집중해주기를 원하고 타인이 나에게 맞춰주기를 바란다. 내가 상대방을 위해 무엇을 해보려하지만 결국 그것 역시 나를 위한 노래의 방편이었음을 알게 된다. 진정 상대를 위해 무엇을 한다는 것은 쉽지 않다. 그러나 상대의 마음으로 들어가면 어렵지 않은 일이다. 어쩌면 우리가 이웃을 사랑한다고 하는 것이 가슴이 아닌 말에 머물기 때문인지도 모른다.

■ 나의 꿈은 무엇이며 그것을 이루기 위해 무엇을 시도하고 있는가? 꿈을 꾸는 것은 모든 인간의 권리이다. 이 권리마저 빼앗긴다면 인간은 너무도 끔찍한 삶을 살 수밖에 없다. 무엇보다 꿈을 이루기 위해 나는 무엇을 현재 시도하고 있는가 하는 것이 중요하다. 아무런 시도 없이 꿈만 꾸는 것은 몽상이 되어버리고 만다. 꿈을 이룰 수 있는 힘의 근원은 믿음과 사랑이다. 이룰 수 있다는 굳건한 믿음, 그것을 이루도록 힘주고 받쳐주는 사랑이 함께 어우러질 때 소망을 이룰 수 있게 된다.

신앙생활은 과정이다. 아직 이루어지지 않는 것을 바라보고 그것을 향해 쉬지 않고 걸어가는 길 위의 사건이다. 행여 지루함과 피곤함에 지쳐있지 않는지. 잠시 주저앉았다가 아예 쉬고 있지는 않는지. 이미 도달했다는 교만함으로 또는 이만큼 이루었으면 충분할 것이라는 자만으로 더 이상 앞으로 나아가는 일을 멈추고 있지는 않는지 살펴보아야 한다.

그런 면에서 신앙생활은 사막을 지나는 일과 같다. 산을 오르는 것처럼 정상이란 목표를 정해놓고 치밀한 계획을 세워 정복해나가는 일이 아니다. 지루한 풍광이 반복되는 거친 땅을 말없이 걷는 일이다. 목표를 세워놓으면 빨리 도달하려는 조급함과 아직 성취 못했다는 자괴감이 늘 일렁거린다. 그런 마음으로는 사막을 건널 수 없다. 조급함과 자괴감은 사막에 매몰되기 가장 좋은 요소이다.

신앙생활에는 별도의 지도(地圖)가 없다. 혹 있다고 해도 그건 그 어떤 이의 경우에만 해당되는 지도이다. 아무리 훌륭한 지도라도 그 지도가 나의 삶에 반드시 맞을 수 없다. 마치 세상의 모든 아이들이 제각각이고 그 키우는 방식도 다 나름인 것처럼 신앙의 길에는 지도가 없다. 앞서간 이들의 지혜도 참고만 될 뿐이다. 신앙생활은 목표를 세워놓고 지도의 좌표를 따르듯 착실히 뒤따라가는 일이 아니다. 마음 속 나침판을 펴고 그것을 믿고 나아가는 일이다. 밤하늘의 별을 보면서 방향을 잡고 자신의 두 발로 모래를 차근히 밟고 나가는 일이다.

신앙생활에서 꿈이란 이루고 반드시 도달하기 위한 목적지가 아니다. 꿈은 앞으로 나아가는 원천적인 힘이자 과정을 포기하지 않게 하는 동력이다. 순간순간 만나는 이들에게 마음 열게 만들고, 최선을 다해 매시간을 충실하게 살게 만드는 변함없는 에너지다.

5. 내 삶 속에 들어온 영화 : 꿈을 향한 도전

■ 당신을 위해 노래 불러주기 : 가족 중에서 평소 다정하게 대하지 않았던 분을 위해 노래를 준비하여 불러준다. 노래를 잘 부를 필요는 없다. 그를 위해 노래를 준비했다는 마음이 중요하다. 노래를 부르기 힘들면 아름다운 노랫말을 읽어주는 것도 좋다. 배경으로 음악을 깔고 읽어주면 더욱 효과적이다. 누군가를 위해 노래를 준비하는 과정에서 오는 느낌, 불러주려 앞에 서는 떨림 그리고 내 귀에 들려오는 나의 목소리의 울림을 통해 많은 감동이 올 것이다.

■ 하고 싶은 일 목록 만들기 : 꿈을 구체화할 필요가 있다. 하고 싶었지만 하지 못했던 일들 정리해본다. 일종의 버킷리스트(bucket list)를 만들어 정리하고 하나씩 점검해본다. 허황된 꿈일 수도 있고 막연한 바람일 수도 있지만, 내 일생의 일을 정리하고 하나씩 점검한다는 면에서 의미가 있는 작업이다. 그 중에서 꼭 이루어야 할 일과 하지 않아도 될 일, 정말 간절히 하고 싶은 일과 막연히 하고 싶었던 일을 정리할 수 있다.

■ 내 삶의 정반대편에 있는 것 알아보기 : 때로는 내 삶의 대척점에 있는 어떤 일을 시도하는 것도 의미가 있다. 가장 싫어했던 일 또는 나와 가장 맞지 않는다고 생각했던 일을 시도해보는 것도 좋다. '샘킨'이 쓴 《공중을 나는 철학자》에 보면, 평생 대학에서 강의했던 62세의 철학자가 어릴 적 꿈이었던 공중그네 타기에 도전한다. 그에게 공중그네 도전은 삶의 새로운 전환점이 되었다. 무기력하고 따분했던 삶이 활기 넘치는 삶으로 변했고, 그의 가슴은 새로운 깨달음으로 그득해졌다.

〈 더 볼거리 〉

《콰르텟, Quartet》(2012)

한 때 전설이었던 네 명의 성악가가
다시 팀을 이루어 연주하고 싶어 한다.
그러나 나이가 들어 몸과 마음이 변하여
팀을 재구성하기가 쉽지 않다.
서로를 잘 알고 있는 이들의 관계가
걸림돌이 되기도 한다.
이러한 방해거리를 제거해가는
과정을 그리고 있다.

《마지막 4중주,
A Late Quartet》(2012)

현악 4중주의 전설적인 연주가들이 다시
뭉치려 한다.
하지만 손이 굳어가고 마음마저
편안하지 않다.
얽힌 사랑의 감정 때문에 분열 직전까지
이른다. 그러나 음악에 대한 열정과
서로에 대한 신뢰로 화해되고
드디어 연주를 하게 된다.

《노트북, The Notebook》(2004)

최고의 사랑은 서로의 영혼을
일깨워주는 것이고 진실해지는 것임을
영화는 증명해나간다.
남녀는 처음 사랑의
감정을 가졌다가 신분차이로 헤어진다.
두 사람은 7년 후에 재회를 한다.
오랜 이별의 시간이었지만 여전히 사랑을
품고 지내다가 만나게 된다.

네째주 · 이야기

변화 가능성 가늠하기 ·

예술과영성

1. 영화 보기 전 생각하기 : 한계는 스스로 만든다

언젠가 교육자로 일생을 헌신하다 퇴직하신 분의 인터뷰를 접한 적이 있다. 평생 교직 생활을 하면서 가장 가슴 아팠던 때는 어떤 때였느냐고 사회자가 물었다. 선생님은 '교육으로 사람을 변화시킬 수 있다고 확신했다. 그러나 교육현장에서 문제되는 아이를 만나 변화시키려고 모든 노력을 기울였는데 아이가 전혀 변화되지 않았을 때'였다고 말했다. 그러면 가장 보람 있었던 때는 어느 때였느냐고 사회자가 다시 물었다. 선생님은 '도저히 변화될 것 같지 않던 아이가 변해서 내 앞에 나타날 때'라고 답했다. 사회자가 마지막으로 '그렇다면 사람을 변화시키는데 있어 가장 중요한 것이 무엇이냐'고 물었다. 선생님은 단호하고 간결하게 '사랑입니다'라고 답했다.

인간에게는 겉으로 알 수 없는 엄청난 능력들이 감추어져 있다. 또한 어떤 순간에는 일반적으로 알고 있는 능력보다 훨씬 큰 능력을 발휘할 수 있다. 현재의 과학이나 의학으로 설명할 수 없는 초월적인 능력을 보유하고 있다. 갑작스레 위기의 순간이 닥치면 감추어진 능력이 표출된다.

거대한 트랙터에 깔린 아이를 구하기 위해 연약한 몸으로 바퀴를 들어 올린 어머니의 이야기, 인간의 생존한계를 넘어서는 사막을 물 한 모금 마시지 못하고 건넌 어느 절박한 아버지의 이야기, 폭탄이 쏟아지는 전쟁터에서 부상당한 동료를 구하기 위해 초인적으로 달려 나간 젊은이의 이야기 등을 접하면 과연 인간의 능력은 어디까지 일까 하는 생각을 갖게 한다.

그러나 이러한 실화들을 접하면서 일종의 공통점을 발견하곤 한다. 대부분 어떤 강한 동기가 있었다는 점이다. 사랑하는 사람을 구하기 위해 또는 그를 만나기 위해 둘러싼 한계상황을 극복

했다는 것이다. 그들은 한계를 한계로 여긴 적이 없다는 점이다. 따라서 이것을 '사랑의 힘'이라 정의하고 싶다.

사랑의 힘은 무한대에 가깝다. 사랑의 힘은 인간이 보편적으로 갖고 있는 한계를 뛰어넘기 때문이다. 사랑의 힘은 둘러싼 한계 상황에 묶이지 않게 하고 심지어 가장 두려운 사건인 죽음조차 극복할 수 있게 만든다. 사랑은 어떤 위협에도 굴하지 않고 어떤 유혹에도 흔들리지 않는다.

사랑은 육체적인 한계나 상황의 한계만을 극복하는 힘만이 아니다. 이성적으로 불가능이라고 말하는 많은 영역들을 변화시킨다. 인간관계에 있어 사랑만큼 강력한 힘으로 작용하는 것은 없다. 깨어진 관계를 회복하는 힘도 사랑에 있고, 새로운 관계를 형성해 가는 본질적인 힘도 사랑에 있다. 도저히 용서할 수 없는 사람을 용서할 수 있는 힘, 뜬 눈으로 지새우는 분노를 잠재울 수 있는 힘, 온갖 왜곡을 뒤엉킨 어그러진 마음을 변화시켜 평정심을 회복시킬 수 있는 힘이 사랑이다.

영화에서 사랑을 어떤 색으로 표현할까? 일반적으로 사랑을 붉은 색으로 표현하는 것은 열정적이고 에로틱한 사랑의 상태를 의미한다. 파란색으로 묘사되는 사랑은 냉정한 또는 미래적인 사랑을 의미한다. 그렇다면 노란색으로 표현되는 사랑은 어떤 종류의 사랑일까? 서양인들에게 노란색은 존귀함의 표상이다. 노란색은 금방 금을 연상시키기 때문이다. 그래서 귀하고 가치 있는 것을 표현할 때 노란색을 많이 사용한다. 역사적으로 동양에서는 황제만이 금색을 사용할 수 있었기 때문에 일반적으로 노란색은 금기의 색이었다.

이제 영화를 통해 노란색의 사랑을 살펴보자.

■ 영화 정보

제목 : 《노란 손수건,
       The Yellow Handkerchief》
       (2008)
감독 : 우다얀 프라사드
       (Udayan Prasad)
● 윌리암 허트(William Hurt, 브렛 핸
  슨역), 마리아 벨로(Maria Bello,
  메이 역), 크리스틴 스튜어트
  (Kristen Stewart, 마틴 역),
  에디 레드메인(Eddie Redmayne,
  고디 역)
● 등급 : (해외) 13세 관람가
● 상영시간 : 102분
● 국내개봉 : 미개봉

영화 《노란 손수건》의 감독인 '우다얀 프라사드(Udayan Prasad)'는 아홉 살에 인도에서 영국으로 건너와 리드에 있는 예술학교와 국립영화 TV 학교를 졸업하였다. 졸업 후 여러 편의 다큐멘터리와 TV영화를 만들었는데 색채를 통해 따뜻하고 정감 있는 표현을 많이 하는 감독으로 알려져 있다.

영화 《노란 손수건》은 1971년 뉴욕 포스트에 실린 '피트 헤밀(Pete Hamill)'의 칼럼인 《Going Home》에서 모티브를 가지고 왔다. 플로리다 주의 포트 로더데일로 가는 버스에 있던 한 대학생이 그 도시에서 유형수였던 한 사람을 사귀게 되었는데, 그가 길가의 떡갈나무에 묶여있는 '노란색 손수건' 을 찾고 있었다는 내용의 칼럼이었다.

이 이야기가 유명해지면서 9달 후인 1972년 6월에는 리더스

다이제스트에 다시 올라왔고, 같은 달 미국 ABC 방송에서는 이 이야기를 각색한 드라마가 방영되었다. 우리나라에는 1975년에 오천석 씨가 펴낸 수필집 《노란 손수건》을 통해 알려지게 되었다. 또한 이 이야기를 바탕으로 야마다 요지(山田洋次)가 《행복의 노란 손수건》(幸福の黃色いハンカチ)이란 영화를 만들어 1977년 10월 1일에 개봉하였다.

오래 전부터 노란 손수건은 헌신과 사랑 그리고 용서의 아이콘이 되었다. 전쟁터에 나간 이를 기다리는 가족들이 간절함을 담은 표식이었다. 용서를 바라며 집으로 돌아오는 자식을 조건 없이 기다리는 부모의 간절한 심정 표현이었다. 등지고 떠난 연인이 용서를 구했을 때 받아주겠다는 용서의 상징이 되었다.

노인이 되어 감옥에서 나온 '핸슨'은 우연히 젊은 연인인 '마틴'과 '고디'를 만난다. 세 사람은 목적 없는 자동차 여행을 떠난다. 처음 세 사람은 서먹했지만 점차 서로를 알아가기 시작하고 연인은 드디어 '핸슨'의 정체와 그의 소망을 알게 된다. 젊은 연인들의 티격태격하는 모습을 지긋하게 바라보는 '핸슨'은 두 사람의 사랑을 위해 유익한 조언들을 해준다. 의심받던 '핸슨'은 점차 그들의 좋은 친구가 되어간다. 그러나 정작 '핸슨'은 자신의 사랑에 대해 확신하지 못한다. 두 젊은 연인은 '핸슨'에게 용기를 불어넣어준다. '핸슨'은 용기를 내어 사랑하는 '메이'를 찾아간다. 그리고 그녀에게 사랑을 고백한다. 그녀는 노란 손수건으로 온통 보트를 장식하여 그를 맞이한다.

2. 영화로 상상하는 말씀 : 관계의 에너지인 사랑

4. 사랑은 오래 참고, 친절합니다. 사랑은 시기하지 않으며, 뽐내지 않으며, 교만하지 않습니다.

5. 사랑은 무례하지 않으며, 자기의 이익을 구하지 않으며, 성을 내지 않으며, 원한을 품지 않습니다.

6. 사랑은 불의를 기뻐하지 않으며, 진리와 함께 기뻐합니다.

7. 사랑은 모든 것을 덮어 주며, 모든 것을 믿으며, 모든 것을 바라며, 모든 것을 견딥니다.

8. 사랑은 없어지지 않습니다. 그러나 예언도 사라지고, 방언도 그치고, 지식도 사라집니다.

9. 우리는 부분적으로 알고, 부분적으로 예언합니다.

10. 온전한 것이 올 때에는, 부분적인 것은 사라집니다.

11. 내가 어릴 때에는, 말하는 것이 어린 아이와 같고, 깨닫는 것이 어린 아이와 같고, 생각하는 것이 어린 아이와 같았습니다. 그러나 내가 어른이 되어서는, 어린 아이의 일을 버렸습니다.

12. 지금은 우리가 거울 속에서 영상을 보듯이 희미하게 보지마는, 그 때에는 우리가 얼굴과 얼굴을 마주 볼 것입니다. 지금은 내가 부분밖에 알지 못하지마는, 그 때에는 하나님께서 나를 아신 것과 같이, 내가 온전히 알게 될 것입니다.

13. 그러므로 믿음, 소망, 사랑, 이 세 가지는 항상 있을 것인데, 그 가운데서 으뜸은 사랑입니다.

기독교의 대표적 단어가 무엇이냐고 물으면 가장 먼저 '사랑'이란 단어를 떠올린다. 기독교인이 아닌 사람들조차 기독교의 대표적 단어가 사랑이라고 알고 있다. 그러나 정작 사랑의 내용에 대해 아는 사람들은 별로 없다. 그것보다 더욱 심각한 것은 사랑에 대해 알고 있지만 사랑을 실천하고 있지 않다는 것이다. 이와 같이 사랑이 무엇인지 알면서도 실천하지 않는 것은 근본적으로 사랑이란 단어를 명사적으로 알고 있기 때문이다. 사랑이란 단어는 '사랑'이라는 명사로 독립되어 사용되는 단어가 아니라, 행동을 내면에 담고 있는 '사랑한다'라는 동사에서 파생된 단어이다.

사람들에게 사랑을 정의하라고 하면 나름대로 개념에 대한 범위를 설정하고 정의를 세울 줄 안다. 그러나 그러한 개념대로 사랑을 실천하고 있느냐고 물으면 선뜻 그렇다고 대답하지 못한다. 마치 행복이란 무엇이냐 물으면 누구라도 나름의 정의를 세우고 근거가 되는 증거를 내세우며 이론을 열거할 수 있지만, 정작 당신 지금 행복하냐고 물으면 답을 쉽게 하지 못하는 것과 유사하다.

예수님은 구약의 율법을 '사랑'이라는 단어로 응축시켜 말했다. 하나님을 사랑하는 것과 이웃을 사랑하는 것이 율법의 뿌리라고 답하셨다. 그리고 그 사랑이 무엇이며 어떻게 하는 것이 사랑하는 것인지에 대해 몸소 보여주셨다. 사랑의 정점이 무엇이냐고 무엇을 때, 예수님은 다른 사람을 위해 자기의 목숨을 주는 것이라고 말씀하셨다. 그리고 그 말씀대로 실천하셨다.

고린도전서 13장은 단순히 사랑에 대한 정의를 내리고 있지 않다. 성서는 '사랑은 ~이다'와 '사랑은 ~이 아니다'라고 정의하는 규정집이 아니다. '사랑은 ~한다'와 '사랑은 ~하지 않는다'라고 구체적으로 언급하는 행동강령이다. 사랑이란 단어의 개념을 이해하고 의미를 깨닫는 것이 중요한 것이 아니라, 사랑을 나의 주변에서 실현하고 구체적으로 행동하는 것이 더욱 필요한 것이다.

사랑은 관계성을 담고 있는 단어이다. 사랑하는 일은 혼자 하는 것이 아니다. 홀로 하는 사랑도 있지만 그 경우도 대상이 있기 마련이다. 그러나 상대의 조건에 따라 대응하는 것이 사랑은 아니다. 사랑은 서로의 조건을 내세워 타협점을 찾아가거나 대등한 상황 아래에서 진행되는 주고받는 상호적인 것이 아니다. 사랑은 관계성을 그 바탕에 깔고 있지만 관계성을 바꾸어 나가는 원천적인 힘이다. 어그러진 관계성을 회복시키고 불합리하고 부당한 관계를 바로 세우는 일이다. 막연한 소망도 아니고 앞으로 그렇게 될 것이라고 믿는 간절함만도 아니다. 사랑은 바람을 구체화하고 믿음을 실현하도록 하는 구체적인 에너지이다.

3. 영화가 말씀을 만났을 때 : 위대한 힘인 사랑

'에리히 프롬(Erich Fromm)'의 대표저술 중의 하나인《사랑의 기술, The Art of Loving》에 의하면, 사랑을 하기 위해서는 노력을 해야 한다. 사랑은 한순간에 밀려오는 강한 느낌만이 아니다. 한눈에 반해서 온 영혼을 빼앗기는 열정만이 아니다. 물론 그런 종류의 사랑도 있겠지만, 그것을 온전한 사랑이라고 말할 수는 없다고 한다.

여러 유형의 사랑이 있지만, 적어도 궁극적이고 온전한 사랑이라고 하면 한순간의 열정적인 사랑이나 지속적인 신뢰만으로 부족하다. 자신을 다 내어주고 모든 것을 헌신할 수 있는 사랑은 일정한 훈련과 노력에 의해 이루어질 수 있다. 가진 것의 일부를 어려운 사람을 위해 나누는 작은 실천도 해보지 않는 사람이 남을 위해 생명을 내어놓는 진실한 사랑을 실천할 수 없기 때문이다.

사랑을 받아본 사람이 사랑을 할 수 있다고 흔히 말한다. 조금 바꾸어 말하면, 사랑은 해본 사람이 사랑을 할 수 있다. 작은 사랑이라도 실천해본 사람이 큰 사랑도 실천할 수 있다는 말이다.

사랑에 대한 경험이 전혀 없으면서 언젠가 결정적인 때에 사랑을 잘 할 수 있다고 생각하는 것은 착각이다. 과거 사랑에 대한 경험은 현재 사랑의 실천에 영향을 미친다는 의미이다. 그래서 하나님의 사랑을 맛본 사람이 진정 이웃을 사랑할 수 있다고 말하는 것이다.

또한 사랑할 수 있는 사람이 사랑을 받을 수도 있다. 물론 사랑받는다는 것을 전제로 사랑하거나 사랑받기 위해 사랑하는 것은 바르지 않다. 보상을 받기 위해 남에게 자비를 베푸는 것과 같은 일이다. 그러나 사랑을 하면 자연스레 사랑을 받게 되어있다. 사랑받는 것은 미래적인 일이지만 사랑하는 현재적인 행동을 통해 장차 사랑받는 일이 일어나기 때문이다.

예수님은 사랑의 실천에 대해 발을 씻어주는 구체적인 모습을 보여주시면서, "주이며 선생인 내가 너희의 발을 씻어 주었으니, 너희도 서로 남의 발을 씻어 주어야 한다."(요 13:14)고 하셨다. 그리고 이러한 일련의 사랑의 관계성에 대해 말씀하셨다. "나의 계명은 이것이다. 내가 너희를 사랑한 것과 같이, 너희도 서로 사랑하여라."(요 15:12)

흔히 로드무비(Road Movie)라 부르는 장르의 영화는 이야기의 결말에 초점이 맞추어져 있지 않다. 이유는 정확히 알 수 없지만 길을 떠나게 되었다는 것으로부터 영화는 시작된다. 영화의 초점은 길을 따라가는 과정에 맞추어져 있다. 과정 속에서 만나는 사람, 그 사람들 사이에서 일어나는 갈등 그리고 그 갈등이 만들어내는 사건을 중심으로 이야기를 풀어나간다. 그러다보면 왜 길을 떠나게 되었는지에 대한 의문이 풀리게 되고, 그러한 의문이 풀리면 앞으로 어디로 갈 것인지에 대한 물음이 일어나게 된다. 로드

무비의 경우, 결말이 정확하게 설명되지 않는 경우가 많다. 어쩌면 길을 가는 과정 속에서 이미 해답을 얻었기 때문일 수도 있다.

티격태격하는 두 젊은 연인들에게 조언하고 화해시키는 주인공의 말과 행동 속에 이미 그가 맞이하게 되는 결말이 무엇인지에 대한 답이 있다. 영화《노란 손수건》은 용서를 주요 메시지로 하고 있다. 서로를 용서하라고 말하고 또한 용서하도록 만드는 '핸슨'은 이미 용서를 받고 있었다. 용서하게 하는 일은 현재적 사건이고 용서받는 것은 미래적 사건이지만, 용서하는 현재적 사건을 통해 용서받는 미래적 사건이 이미 이루어지고 있는 셈이다.

주의 기도문에 "우리가 우리에게 죄 지은 자를 사하여 준 것같이 우리 죄를 사하여 주시옵고"라는 내용이 있다. 여기에는 우리가 먼저 죄의 용서함을 받았다는 믿음이 전제되어 있다. 하나님께로부터 용서를 받았기 때문에 이제 우리는 남을 용서할 수 있고 그로 인해 장차 나도 용서함을 받을 수 있다는 의미이다. 따라서 용서는 과거, 현재, 미래로 이어지는 순차적이고 인과적인 연쇄 사건이 아니라 일순간에 일어나는 동시적이며 일회적인 사건이라는 것을 깨달을 수 있다.

4. 영화로 풀어보는 삶 : 조건 없는 사랑

자신에게 진솔한 몇몇 물음을 던진다.

■ 나는 사랑받고 사랑하고 있는 사람인가? 사랑받은 경험 없이 남을 사랑하기란 불가능하다. 어쩌면 자신이 받은 사랑을 알지

못하는 것일 수도 있다. 큰 사랑을 받고 지금 삶을 누리고 있음에도 불구하고 사랑받지 못했다고 생각할 수도 있다. 자신이 사랑받은 사람이라는 확신이 들면, 이제 남을 사랑할 수 있게 된다. 받은 사랑이 큰 만큼 사랑을 베풀 수 있다. 아니 정확히 말하면, 내가 받은 사랑을 깨달은 만큼 사랑할 수 있다. 큰 용서를 받은 사람은 남을 용서할 수 있다. 하나님의 큰 사랑을 깨달은 사람은 이웃을 사랑할 수 있다.

■ 아직도 용서할 수 없는 사람이 있는가? 지금껏 정당하게 살아왔기 때문에 남으로부터 용서받을 일이 없었다고 자부하는 사람은 결코 남을 용서할 수 없다. 용서의 감격을 맛보지 못했기 때문에 용서받으려는 자의 심정을 가늠하지 못하기 때문이다. 잘못에는 처벌과 응징만이 존재한다고 확신하기 때문이다. 잘못에 대한 미움보다 사랑하는 마음이 크면 용서가 가능하다. 도저히 용서할 수 없는 사람이란 없다. 도저히 용서할 수 없는 사람도 용서할 수 있는 엄청난 사랑을 경험한다면 용서 못할 사람이 없다.

■ 사랑을 조건적으로 생각하지 않았는가? 사랑도 '만일 ~이라면'이란 조건이 전제되어야 가능한 일이라고 생각할 수도 있다. '그녀가 예쁘다면', '그가 경제적으로 풍부하다면', '그의 집안이 유력하다면' 등등의 조건을 내세워 만족스러울 때 이루어지는 사랑이 과연 사랑일까? 생각했던 조건에 전혀 맞지 않더라도 또는 아무런 조건도 없이 그저 이루어지고 베푸는 사랑이 가능할까? 우리는 예수의 십자가 사건을 통해 이러한 조건 없는 또는 조건과 역행하는 사랑을 목격했다. 그렇기 때문에 우리는 그러한 사랑을 실천할 수 있다.

어른이 되어 중요하게 하는 일 중의 하나는 결혼식에 참여하는 일과 장례식에 참석하는 일이다. 이 때 가지고 가는 것이 있는데 축의금 또는 조의금이다. 결혼식이나 장례식을 치렀던 사람들은 축의금이나 조의금의 목록을 잘 간수 하고 있다. 자신의 예식에 참여했던 사람으로부터 연락이 오면 목록을 들추어보아 그 사람이 냈던 금액을 감안하여 축의금이나 조의금을 준비한다. 대부분 받았던 것과 동일한 액수의 부조금을 전달한다.

대부분 사랑받으며 살기를 원한다. 다른 사람이 나를 사랑해주면 감격하여 신이 나지만 그렇지 않을 때는 시무룩하게 지낸다. 사랑을 하기도 하지만 받은 것을 먼저 계산하고 나서 그에 적합하게 사랑을 한다. 받은 것보다 더 많이 베푸는 경우는 드물다.

사랑하는 것을 부조금 내는 것과 동일하게 생각해서는 안 된다. 내가 받은 만큼 되돌려주는 것은 진정한 사랑의 태도가 아니다. 상대가 내게 내밀었던 것을 고려하지 않고 내가 그에게 베푸는 것이 사랑이다. 사랑을 실천하기도 전에 그가 나에게 주었던 사랑을 먼저 계산하고 있다면 그런 마음으로 순전한 사랑을 할 수 없기 때문이다.

선(善)을 행할 때, 돌아올 칭찬을 먼저 계산하는 것은 불순한 짓이다. 그래서 주님은 우리의 선행에 대해 하나님께서 갚으실 것이라고 선언한다. 결국 사람으로부터 어떤 대가나 보상을 기대하지 말라는 말씀이다. 아무런 대가나 보상을 기대하지 않고 행하는 일이어야 바르고 순수한 실천이라 할 수 있다.

5. 내 삶 속에 들어온 영화 : 용서받기와 용서하기

■ 용서받은 일 정리하기 : 실수나 잘못을 했는데 용서받았던 일

상의 일들을 메모해본다. 그런 일이 전혀 없었다고 자부하지만, 생각을 정리하다보면 그냥 지나쳤던 사건을 떠올릴 수도 있다. 돌이켜 생각해보면 끔찍한 사건이었는데 조용히 넘어갔던 일도 있을 수 있다. 미처 모르고 지나갔거나 알았지만 그냥 지나가도록 누군가 배려한 일일 수도 있다. 차분히 점검해보는 것은 의미 있는 일이다.

■ 용서하지 못한 일 정리하기 : 남의 잘못이나 실수를 용서 못한 적이 있었는지 되돌아본다. 별일도 아님에도 불구하고 문제를 크게 확대시켜 처벌한 적이 있었는지를 돌이켜본다. 정의에 불타는 마음 때문에 절대로 용서하고 넘어갈 수 없다고 주장한 적이 없었는지를 생각해본다. 아직도 용서하고 싶은 마음이 없어 멀리하거나 외면하는 사람과 사건의 목록을 정리해본다.

■ 용서받고 싶은 일 정리하기 : 아직 미제로 남아있어 정리해야 할 일을 정리해본다. 상당수의 일들이 인간관계에서 비롯된다는 것을 알고 있다. 어떻게 해야 해결될 수 있는지도 잘 알고 있다. 나의 잘못이 분명함에도 불구하고 쓸데없는 자존심 때문에 용서를 구하지 않았거나 그럴 마음조차 아직 없는 일들을 정리해본다.

〈 더 볼거리 〉

《시간 여행자의 아내, The Time Traveler's Wife》(2009)

시간을 거꾸로 가는 남자와
그 남자를 지켜봐야 하는 여자의 이야기이다.
점점 어려지는 남자를 보면서 그를 끝까지 믿고
지켜주고 기다리는 여자는
진정한 사랑을 그득 품고 사는 사람이다.
공간은 물론이거니와 시간조차도
두 사람의 사랑을 막을 수 없었다.

《너는 내 운명, You're My Sunshine!》(2005)

죽어가는 아내를 바라봐야
하는 우직한 남자의 고백서이다.
불행했던 시절을 지내던 아내를 만나 잠시 행복한 삶을 살던
순박한 농촌 총각은 불치병이라는 극한 상황에 이른다.
고통 속에서 울부짖으며 죽어가는 아내를
끝까지 살핀다는 순애보이다.

《행복의 노란 손수건, 幸福の黃色いハンカチ,
The Yellow Handkerchief Of Happiness》(1977)

감옥에서 만기 출옥하는 남자는
사랑하는 사람이 자신을 어떻게
대할지에 대한 걱정으로 그득하다.
남자는 아내에게 만일 자신을 받아들인다면
노란 손수건을 멀리서 볼 수 있도록 걸어달라고 주문한다.
남자는 멀리서 집이 온통 노란 손수건으로
덮인 것을 발견한다.

다섯째 주 · 이야기

나와 나의 공동체 ·

예술과 영성

1. 영화 보기 전 생각하기 : 더불어 살아가는 즐거움

지금은 대형마트와 24시간 운영하는 마트가 주로 있지만, 예전 동네마다 자그마한 상품가게가 수두룩하게 있었다. 이들 가게에는 정감어린 간판을 저마다 머리에 이고 있었는데 돌이켜보면 재미있는 이름들도 많았다. 처음에는 대부분 '00상회'나 '00네 집'이었다. 외국으로부터 슈퍼마켓이라는 이름의 대형매장이 들어오기 시작하자 저마다 '00슈퍼'라는 간판으로 교체하기 시작했다.

그러나 시골의 작은 구멍가게나 아주 적은 규모의 가게들은 그냥 '00슈퍼'라고 하기가 미안했다. 적어도 슈퍼가 되려면 일정한 크기 이상의 매장을 가져야 하고 물건도 종류별로 구비해서 누가 보더라도 물건이 엄청나게 많다는 생각이 들어야 슈퍼라는 이름에 걸맞다고 인정할 수 있기 때문이다. 그러나 매력적인 단어인 '슈퍼'를 쉽사리 달 수 없었던 작은 가게들은 전전긍긍할 수밖에 없었다. 결국 내어놓은 아이디어가 '00미니슈퍼'이다. 말하자면 슈퍼이긴 하지만 크기가 작고 물건 수도 적기 때문에 '미니'라는 단어를 슈퍼 앞에 붙였다. 다시 정확하게 해석하면 '아주 작은 슈퍼마켓'이라는 뜻이다. 그러나 그런 과정을 살펴보지 않고 '미니슈퍼'라는 단어만 떼어 놓으면 엉뚱한 단어가 된다. '작은 거인', '뜨거운 얼음'과 같은 역설적인 단어가 되어버렸다. 단어와 단어의 연결 또는 배치는 새로운 의미를 만들어낸다.

인간은 혼자 살아갈 수 없다. 아득한 옛날부터 인류는 힘을 합하여 사냥을 하고 서로 도와 집을 지었고 공동으로 농작물을 키웠다. 마을의 중앙에 우물을 파서 생수를 나누고, 부락을 형성하여 공동의 적에 대항하였다. 언어가 있어 서로 의사소통을 하고 서로의 감정을 공유하며 소중한 정보를 나누었다. 점차 문화와 예술이 발달하고 예전(禮典)과 제의(祭儀)가 정립되었다.

　현대 문화적 특성중의 하나는 개별화이다. 가족은 느슨한 관계가 되어 공동의 일보다는 자신의 일로 분주하다. 가족이 모두 모여 식사를 하는 풍경을 보기가 쉽지 않다. 장성하면 모두 제각각 분리된 공간을 갖기 원한다. 부부라는 최소 단위의 가족으로 구성되어 있는 가정이 점점 늘어난다. 결혼하지 못한 이들은 독신 가정을 형성하고 있다.

　이러한 문화는 여러 분야에 영향을 미치고 있다. 사람들은 함께 어떤 일을 도모하기보다는 홀로 자신의 일에 몰두하는 것을 더욱 즐거워한다. 공동의 장소에서 정보를 나누고 경험을 나누기보다는 개별 공간에서 독자적으로 활동하는 것을 더욱 보람 있게 여기고 있다. 신앙에 있어서도 공동의 신앙생활보다 개인적으로 신앙생활 하는 것을 즐거워하는 경향이 있다. 이러한 기울어짐은 공동생활이 주는 번거로움으로부터 벗어나 자유롭게 생활할 수 있다는 점과 신앙은 결국 개인 구원과 관계가 깊다는 확신으로부터 온다.

　그러나 신앙은 개인적일 수 없다. 신앙은 기본적으로 공동체를 바탕으로 하고 있다. '개인 신앙'이라는 단어는 마치 '미니슈퍼'처럼 대립적인 두 개념이 결합된 역설적인 단어이다. 신앙생활을 해야 하는데 공동체는 싫기 때문에 독자적으로 신앙생활을 하겠다는 기형화된 신앙행태가 개인 신앙생활이다.

　무엇보다 신앙의 공동체성을 회복하는 일이 시급하다. 개별적인 신앙을 강조하기보다 상호관계성 속에서 책임 있는 신앙생활을 하도록 독려해야 한다. 개별적인 신앙만을 강조하면 자기만

구원받겠다는 독선적이고 이기적인 마음을 부추길 뿐 아니라, 이웃과 사회에 대한 신앙인으로서의 책임의식을 약화시키는 끔찍한 결과를 만들어내기 때문이다.

■ 영화 정보

제목 : 《신과 함께 가라,
　　　 Vaya Con Dios
　　　 (2008)
감독 : 졸탄 스피란델리
　　　 (Zoltan Spirandelli)

● 출연 : 마이클 귀스덱(Michael
　　　 Gwisdek), 매티아스 브레너
　　　 (Matthias Brenner), 다니엘 브륄
　　 (Daniel Bruhl)
● 등급 : (국내) 15세 관람가
● 상영시간 : 106분
● 국내개봉 : 2003년 5월 30일

영화는 독일의 아주 작은 신앙공동체의 모습을 비쳐주는 것으로부터 시작된다. 이 신앙공동체는 교회로부터 파문을 당해 단 2개의 수도원만으로 구성된 칸토리안 교단 소속이다. 이 교단의 특징은 음악도 목소리로 드리는 제사라는 주장이다. 따라서 무반주 아카펠라로 성가 부르는 것을 가장 중요한 예식으로 삼고 있다.

독일 칸토리안 수도원의 구성원은 겨우 네 명이다. 그나마 가장 나이가 많은 어른 수사마저 전통적인 예전을 잘 지키라는 유언을 남기고 세상을 떠난다. 후원마저 끊어져 거할 곳이 없는 세

명의 수사들은 이탈리아에 있는 같은 교단의 또 다른 수도원을 향해 떠난다.

　세상으로부터 유리된 채 살았던 수사들은 세상에 대해 두려움을 갖고 있다. 유혹과 거짓 그리고 위협으로부터 신앙을 지키는 것이 어렵다고 여긴 그들은 매 순간마다 성가를 통해 신앙을 다진다. 갈 길은 멀고 유혹은 다양하게 접근하여 이들의 관계를 흔들어 놓는다. 젊은 수사는 여성이 유혹으로 다가온다. 다른 수사에게는 가족과 안정이라는 거대한 유혹이 밀려온다. 또 다른 학구적인 수사에겐 교수라는 자리가 강하게 유혹을 한다. 분열되어 흩어질 뻔 했던 이들을 다시 결합시킨 것은 음악이다. 각각 자기의 파트가 있지만 모두가 어우러져 하모니를 이루는 음악의 힘이 이들을 유혹으로부터 벗어나게 한다.

　영화 《신과 함께 가라》는 결국 신앙의 공동체와 함께 가라는 메시지를 전해주고 있다. 제목은 '신과 함께 가라'고 말하고 있지만, 실제 내용은 '형제들과 함께 가라'이다. 신앙의 형제들과 함께 가는 일이 하나님과 함께 가는 것과 같은 것임을 강조하고 있다. 어떤 어려움 속에서도 함께 하는 형제가 있다면 헤쳐 나갈 수 있다. 혼자서는 극복 못한 유혹을 함께하면 넉넉히 이겨낼 수 있다.

　이들을 결합시키는 매개는 성가이다. '각각 함께'라는 말에 가장 적합한 단어가 중창이다. 자신이 맡은 음을 내지만 서로 낸 음이 하나가 되면 조화를 이루어 거대한 소리를 형성하기 때문이다. 예수 그리스도를 머리로 하고 각 지체가 있어 제 역할을 하는 것과 같은 원리이다. 각각 기관이 다르고 기능이 다르기 때문에 이들 다른 것이 모여서 하나의 몸을 이룰 수 있다.

　영화 속 수사들이 부르는 성가는 유명한 그레고리안 성가이다.

현대에는 악보로 기록되었지만 원래 그레고리안 성가는 구전으로만 전해 내려왔다. 칸토리안 교단은 이 성가를 잘 보존해오고 있었다. 이들은 악보로 기록하려는 시도를 뿌리친다. 성가를 악보로 기록하면 악보에 매여 단순히 소리만을 전하게 될 것이기 때문이라고 생각했다. 중요한 것은 소리나 화음이 아니라 그 음악 속에 담겨있는 영성인데 그들은 그것을 잃게 될까 염려했다.

2. 영화로 상상하는 말씀 : 제자 공동체의 신비

마가복음 3장 13-19절

13. 예수께서 산에 올라가셔서, 원하시는 사람들을 부르시니, 그들이 예수께로 나아갔다.
14. 예수께서 열둘을 세우시고 [그들을 사도라고 이름하셨다.] 이것은, 예수께서 그들을 자기와 함께 있게 하시고, 또 그들을 내보내어서 말씀을 전파하게 하시며,
15. 귀신을 내쫓는 권능을 가지게 하시려는 것이었다.
16. 예수께서 열둘을 임명하셨는데, 그들은, [베드로라고 이름을 지어 주신] 시몬과,
17. '천둥의 아들'을 뜻하는 보아너게라는 이름을 지어 주신 세베대의 아들 야고보와 그의 동생 요한과,
18. 안드레와 빌립과 바돌로매와 마태와 도마와 알패오의 아들 야고보와 다대오와 가나안 사람 시몬과,
19. 예수를 넘겨 준 가룟 유다이다.

예수님은 공생애를 시작하기 앞서 따르는 많은 사람들 중에 12명을 따로 세워 제자로 삼으셨다. 이들은 다양한 나이와 다양한

직업을 갖고 있었다. 신앙적 바탕도 제각각이었지만 무엇보다 예수님을 따르는 목적 또한 다양하게 갖고 있었다. 그러나 메시야에 대한 간절한 소망과 하나님 나라 확장에 참여하려는 의지만큼은 동일했다.

예수님의 제자들은 여러 면에서 유력한 인물들이 아니었다. 어부가 주를 이루었고 그 외에 다양한 직종의 사람들이 모였지만 부유하거나 권세 있는 직업을 가진 이는 없었다. 누구도 특별히 뛰어난 능력을 지닌 사람도 없었다. 일반적인 관점으로 그들을 평가하면 지극히 평범하거나 평균 이하의 사람들이었다. 예수님은 하나님 나라에 대한 열정과 소망을 보고 그들을 선택했던 것이다. 예수님을 그들에게 '함께'를 가르치고 보여주었다. 공동체의 힘이 무엇인지를 체험하도록 했다. 하나님 나라의 확장은 뛰어난 한 사람에 의해 이루어지는 것이 아니라 여러 사람이 함께 수고할 때 이루어지는 공동체의 역사라는 것을 강조했다.

예수님 혼자 모든 이적과 기사를 펼치시지 않으셨다. 하나님의 위대한 아들임을 보여주어 사람들이 예수님을 따르게 했다면 벌써 그렇게 했을 것이다. 공생애 직전 광야에 나갔을 때, 예수가 받은 유혹 중의 하나가 바로 영웅주의였다. 예수님은 그것을 거부하셨다. 예수님은 제자들을 보내어 하나님의 역사를 증거하도록 했다. 둘씩 또는 여럿으로 모둠을 만들어 마을에 들어가 복음을 전하고 권능을 펼치게 하셨다.

그러한 영웅을 통한 구원의 시도가 구약에 많았다. 영웅이 등장하면 믿음이 회복된 듯했지만 영웅이 사라지고 나면 다시 원래대로 돌아가는 악순환이 되풀이 될 뿐이었다. 구약의 역사는 뛰어난 한 인물에게 집중되었던 역사였다. 위기의 때에 하나님은 어떤 한 사람을 불러 그를 통해 하나님의 살아계심과 역사하심을 증명하게 했다. 그래서 고난의 시기를 말할 때 어떤 한 인물의 이름이 거론되었다. 그러나 신약에 들어서면 한 사람의 위대한 인물에 의해 하나님의 역사가 일어나는 것이 아니라 교회라는 공동체를 통해 일어나기 시작한다. 모여 함께 기도하면서 여러 놀라운 사건이 일어났다. 그래서 어떤 한 개인의 이름보다는 어느 교회의 이름이 알려지기 시작했다.

바울도 교회 공동체를 전제하고서 개인을 거론했다. 자신도 교회와 깊은 연관이 있음을 말했고, 그리스도의 하나의 공동체의 일원임을 강조했다. 바울이 보낸 서신은 주로 교회 공동체를 수신인으로 삼았다. 디모데에게 보낸 서신 역시 그가 속한 교회 공동체의 배경 아래서 그의 사명과 역할을 거론했다.

요한의 계시록 역시 서두에 초대교회에 관하여 언급하면서 전개된다. 결코 어느 특정 개인의 구원사건을 말하고 있지 않다. 환란을 이겨내는 공동체의 모습을 묘사하면서 더불어 닥쳐올 고난을 극복하라고 권고하고 있다.

3. 영화가 말씀을 만났을 때 : 열 사람이 한 걸음으로

집단지성(集團知性, Collective Intelligence)이라는 단어가 있다. 다수의 개체들이 협력하거나 경쟁하는 과정을 통해 수립된 지적 능력을 말한다. 이러한 집단지성은 개체들이 갖고 있는 지적 능력을 넘어선다고 말한다. 이것은 "사자는 콩고강을 건너지 못하지만, 개미는 건넌다"는 아프리카의 어느 속담과 일맥상통한다. 아무리 밀림의 제왕이라고 불리는 사자이지만 수영을 잘

못하는 사자로선 큰 강을 건너기가 어렵다. 더욱이 혼자의 힘으로 강을 건너다간 도중에 지쳐 목숨을 잃을 수도 있다. 하나하나로 볼 때 아주 나약한 개미들이지만 함께 뭉치면 엄청난 일들을 이루어내는 것을 목격한다. 하루아침에 어마어마한 탑을 쌓기도 하고 깊은 굴을 파기도 한다. 놀라운 것은 거대한 강을 개미들이 협력해서 건넌다는 사실이다. 서로 몸을 연결하고 그 위에 다른 개미들과 애벌레를 얹고 강을 건넌다. 넘어가기 어려운 절벽이나 나무 사이를 서로 힘을 합하여 이동하기도 한다.

과거에 지식은 소수의 지식인이 독점했었다. 지식의 독점으로 다른 사람을 지배할 수 있었다. 그러나 현대는 지식의 독점이 어려운 시대이다. 지식의 공유가 일반화되었고 일부 사람의 지식으로 모든 것을 장악할 수 없는 다양하고 복잡한 사회가 되었다. 유능한 소수가 다수를 이끌고 가던 시대는 지났다. 평범한 다수가 조금씩 나아가는 것이 훨씬 능률적인 시대가 되었다. 한 사람이 열 걸음을 나아가던 시대가 아니라 열 사람이 한 걸음씩 나아가는 시대가 되었다.

과거 영웅의 시대가 있었다. 한 사람의 능력으로 모든 문제를 풀어갈 수 있던 시대였다. 그러나 시대는 점점 복잡해져 갔다. 인구가 늘어나고 도시는 커갔다. 관계망이 복잡해지고 경우의 수가 무한히 커져갔다. 도저히 한 사람의 능력으로 문제를 해결할 수 없는 시대가 되었다.

예수시대에도 많은 사람들이 여전히 영웅을 기다렸다. 자신들을 로마로부터 구원해줄 강력한 영웅의 도래를 소망했다. 그들의 메시야에 대한 열망은 위대한 한 인물에 대한 열망으로 집중되었다. 그래서 예수가 바로 그 영웅이라 생각했고 열심히 그를 추종했다. 그러나 예수가 영웅이 아니라는 확신이 들자 일순간에 고개를 돌렸다. 십자가에서 무기력하게 죽어간 사람을 영웅으로 여길 수 없다며 모두 흩어지고 말았다.

제자들 중에도 예수를 영웅으로 생각하고 따르던 이도 있었다. 결국 아니라는 생각이 들자 죽음 앞에서 배신을 하기도 하고 그의 죽음을 외면하기도 했다. 나중에서야 예수가 영웅이 아니라는 것을 알게 된다. 단순히 영웅이 아니라 자신들을 근본적으로 변화시킨 구원자임을 깨달은 것이다. 구원에 대한 확신을 얻은 이들이 모여 이룬 것이 신앙공동체라는 사실을 알게 된다. 하나님 나라는 한 영웅에 의해 이룩되는 것이 아니라 믿음을 가진 이들의 공동체를 통해 확산되고 이룩된다는 것을 드디어 깨닫게 된다.

그제야 비로소 제자들은 사방으로 흩어져 전도를 하고 이를 통해 믿음을 받아들인 이들을 모아 신앙공동체를 이루는 일에 전력하게 된다. 모든 신앙의 사람들이 공동체의 일원이고 모두는 그리스도의 거대한 몸의 한 지체임을 선포하게 된다.

교회 공동체가 게토화된 폐쇄 공동체가 되어서는 안 된다. 모든 사람들에게 개방된 열린 공동체로서 교회공동체가 나아가야 한다. 과거 신앙공동체가 폐쇄적이었던 것은 외부로부터 유혹과 간섭이 많았기 때문이었다. 순수성을 유지하기 위한 차원에서 취한 조처였다. 현대의 신앙공동체는 열린 공동체를 추구해야 한다. 그러기 위해 내적 결속을 더욱 견고하게 해야 한다. 개인의 영성을 살피고 나아가 공동체의 영성을 도모하는 일에 더욱 정진해야 한다.

4. 영화로 풀어보는 삶 : 영성 공동체의 아름다움

■ 나에게 신앙의 도반(道伴)이 있는가? 진리의 길을 걸어감에 있어 함께 하는 친구가 있다는 것은 대단히 귀한 일이다. 길을 걷다보면 길을 잃기도 하고 다른 길로 빠지기도 한다. 혼자 길을 걸으면 다시 길을 찾기 어렵기도 하고 많은 시간을 허비하기도 한다. 다른 길로 접어들었을 경우 한참 동안 내가 걷고 있는 길이 잘못된 길인지 모르고 걷기도 한다. 아예 인생을 허비하거나 영영 그릇된 길에서 헤어 나오지 못하는 경우도 있다. 이때 함께 하는 친구가 있으면 위험이 훨씬 줄어든다. 서로 격려하며 길을 걷기에 포기하려는 마음을 얼른 거둘 수 있다. 그릇된 길로 접어들면 친구가 그곳에서 나오라고 손짓을 한다. 친구가 있으면 예측할 수 없는 두려움과 불안함을 감소시켜준다.

■ 나의 영성생활은 어떠한가? 다양화되고 개방화된 현대를 지내기 위해서는 영성에 대한 돌봄이 절실하다. 분주함에 이끌려 살다보면 영혼은 피폐해지기 쉽다. 역설적으로 다원화 문화 속에서 타인과의 교류를 거부하고 홀로 생활하는 사람들이 있다. 하루 종일 자기만의 공간에 있으면서 소통은 인터넷을 통해 겨우 해결하고 직접적인 타인과의 교제를 나누지 않는 이들이 늘고 있다. 신앙과 지적인 문제를 홀로 해결한다고 하지만 상당부분 일그러져 있는 모습이다. 나 자신을 위한 경건의 시간과 공동체를 위한 나눔과 노동의 시간을 배려하고 사용하는 것이 필요하다. 분주함에 이끌려 허겁지겁 살지 않기 위해 나의 영성생활을 점검할 필요가 있다.

■ 내가 속한 공동체는 어떤 공동체인가? 과거 공동체는 공간을 규제함으로 순수성과 영성을 유지했다. 성스러운 공간을 설정해 놓고 그곳에 아무나 들어오지 못하도록 만들었다. 그러나 현대

에는 공간을 규제하는 것이 점차 어려워지게 되었다. 모든 공간의 정보가 개방되었고 공간에 의한 규제를 불평등한 것 또는 차별적인 태도로 여기기 때문이다. 그래서 공동체의 순수성과 영성을 지켜내기 어려운 시대라고 낙담한다. 그러나 시간을 규제함으로 공동체의 성결함을 지켜내는 것이 가능하다. 하루의 시간 중에 경건한 시간을 배당하여 그 시간을 침해받지 않도록 하면 된다. 더 이상 골방과 같은 공간이 없기 때문에 영성생활을 할 수 없다고 말하는 것은 어리석다. 분주함 속에서도 일정한 시간에 기도하셨던 예수의 모습에서 해결의 단서를 찾을 수 있다.

'여럿이 홀로 걷기'라는 말이 있다. 혼자 거친 길을 걸을 때의 단점은 위험에 빠졌거나 유혹에 말려들었을 때, 도움을 받을 수 없다는 것이다. 그러나 장점은 번거로움이 없고 자신의 걸음과 방향을 방해받지 않고 갈 수 있다는 점이다. 여럿이 걸을 때의 단점은 나의 의견이 반영이 안 될 수 있다는 점이다. 전체의 분위기에 휩쓸려 가기 쉽고 거부하기 어렵다. 그러나 여럿이 길을 가는 장점은 위험할 때 서로 도울 수 있고, 지치고 낙심할 때 격려하고 용기를 돋워줄 수 있다는 점이다.

서로의 마음을 나누고 격려하며 더불어 공동의 영성을 추구하지만, 자신의 영성을 늘 지켜내는 것이 중요하다. 예수의 공동체는 여럿이 홀로 걷는 공동체였다. 예수님과 그의 제자들은 개인이 골방에 들어가거나 한적한 곳에서 홀로 기도하는 시간을 귀하게 여기면서 동시에 함께 공동의 식사를 나누고 이적을 맛보며 곳곳을 다녔다.

이러한 공동의 경험은 초대교회공동체로 이어졌고, 이렇게 형성된 교회공동체를 통해 초대기독교인들은 로마의 박해와 초대교회의 여러 어려움들을 극복할 수 있었다.

5. 내 삶 속에 들어온 영화 : 신앙공동체 속으로

■ 신앙공동체 방문하기 : 신앙공동체를 방문하는 일은 의미가 있다. 실제로 공동체 생활이 어떠한지 살펴볼 수 있을 뿐 아니라, 일상에서 살아가는 자신의 생활과 비교해볼 수 있는 기회이기 때문이다. 공동의 영성을 추구하기 위해 어떤 시도를 하고 있는지 주목하여 관찰한다. 또한 개인 영성을 위한 시간 배려와 일과시간의 관계를 알아본다. 홀로 기도하는 시간과 함께 예배드리고 노동하고 음식을 나누는 일이 어떻게 조화를 이루는지를 가늠할 수 있을 것이다.

■ 침묵의 시간 갖기 : 하루 중에 시간을 정해서 모든 전자기기들을 끄고 지내는 시간을 갖는다. 가능한 한 방해되는 외부 소리를 차단하고 고요히 자신의 내면을 들여다보는 시간을 갖는다. 차츰 내 안에서 일어나는 소리들까지 침묵하게 만든다. 떠오르는 이런저런 생각이나 물음들을 조용하게 만들고 내면의 고요 속으로 들어간다. 묵상 중에 떠오르는 이를 위한 기도를 한다. 나와 관계된 이들의 얼굴을 생각하며 기도를 한다.

■ 성가 부르기 : 악보에 매이지 말고 한 사람의 선창에 따라 다른 사람들이 화음을 넣는 방식으로 중창을 불러본다. 중창은 서로서로 음의 어울림을 신경 써야 하기 때문에 상대의 소리에 귀기울이게 된다. 상대의 소리를 잘 듣고 자신의 소리를 어울리게 하다보면 호흡이 같아지는 것을 감지하게 된다. 같은 박자로 호흡하고 소리를 내며, 서로 다른 음이지만 어울려 조화를 이루는 느낌을 알아 가는데 중창만큼 좋은 것은 없다.

〈 더 볼거리 〉

《장미의 이름, A Walk To Remember》(2002)

수도원이라는 폐쇄적인
공동체에서 일어난 연쇄살인사건을 다룬다.
특히 고서가 많은 수도원에는 비밀이 책들 만큼이나 많다.
사건을 조사하던 주인공은 수도원이 지닌
모순된 일들을 하나씩 파해쳐 나간다.
그 정점에 금서인 아리스토텔레스의
책이 있음을 알게 된다.

《위대한 침묵,
Die Groß e Stille, Into Great Silence》(2005)

영화는 우리의 생활과 너무도 다른
신비한 수도원의 일상을 보여준다.
인간의 음성언어를 최소화하려는 것은 세밀한 하나님의
음성을 듣기 위한 것이다.
빛과 소리 그리고 그 속에서 말씀하시는 하나님의 존재가
영화를 통해 은유적으로 나타난다.

《신과 인간,
Des Hommes Et Des Dieux, Of Gods And Men》(2010)

알제리의 어느 수도공동체에
이슬람 근본주의자들이 쳐들어온다.
마을 사람의 몸과 마음을 치유해주던 7명의 수도사와
1명의 의사는 중대한 결정을 해야 한다.
이들은 하나님의 뜻을 따라 마을에 남을지 아니면
목숨을 구하기 위해 마을을 떠나야
할지를 논의한다.

여섯째주 · 이야기

서로 배우고 가르친다면 ·

예술과영성

1. 영화 보기 전 생각하기 : 가르침과 배움

종종 남을 가르칠 때 가장 잘 배운다는 말을 듣는다. 내가 배울 때는 대강 넘어가거나 불완전하게 익힌 것을 남을 가르치기 위해서는 정확하고 명확하게 파악해야하기 때문이다. 가르치기 위해 강단에 서본 사람들은 누구나 경험하는 일이다. 그래서 가르치기 위해 밤새 교재를 연구하고 강의진행을 가상으로 연출해보기도 한다. 불확실한 개념은 다시 정리하여 숙지하고 이해 못한 부분은 참고도서를 찾아서 명확하게 정리한다. 그래도 혹시 있을 질문을 예상하여 방대한 주변 이론들을 살펴본다.

처음으로 아동부 설교를 했을 때 일이다. 이사야서를 읽고 이사야에 대해 설명을 하고 있는데 한 아이가 손을 번쩍 든다. 설교시간에 손을 드는 것 자체가 의아했을 뿐 아니라, 거침없이 물음을 던지는 아이의 당당함이 놀라워 내 자신이 위축되었다. 아이는 '왜 성경에 있는 예언자는 모두 외국사람'이냐고 물었다. 왜 우리나라 예언자가 없느냐는 물음이었다. 진땀이 났지만 대충 얼버무리고 설교를 마쳤다. 그 후로 한동안 예언서를 정말 열심히 공부했다. 지금도 마음이 느슨해질 때면 거침없던 그 아이의 목소리를 상기시킨다.

아직 우리나라 문화에서는 가르치는 사람과 배우는 사람이 정확하게 분리되어 있다. 자신의 생각을 마음대로 말할 수 있는 사람과 자신의 의견을 내세우지 않고 조용히 들어야 하는 사람이 분리되어 있다. 따라서 가르치는 사람들은 틀림이 있어서는 안된다는 강박관념을 지니고 있다. 언제나 바르고 정확해야하기 때문에 조금의 잘못도 없기 위해 애쓴다. 반대로 배우는 사람의 잘

못이나 실수에 대해서는 너그러운 편이다. 잘 몰라서 그랬다는 것으로 면죄부를 주는 경우가 많다. 이러한 구조 속에서 가르치는 일과 배우는 일은 매우 피곤하다. 먼저 깨달은 이가 깨닫기 위해 간절한 기대로 앉아있는 이에게 온 영혼을 불사르며 자신의 깨달음을 전이시켜주는 신나는 사건이 더 이상 아니다.

정확한 지식자료는 인터넷 검색을 통해 얼마든지 얻을 수 있다. 앞에서 한참 강의를 하고 있으면 뒷자리에 앉은 학생이 스마트폰을 만지면서 말한다. "음, 저거 맞는 말이야." "저건 아닌 것 같은데?" 열심히 준비해온 내용을 가볍게 손가락으로 점검하고 있었다. 밤새도록 애쓴 나의 수고가 무엇이었는가 하는 자괴감이 밀려왔다. 그러나 곧 생각을 바꾸었다. 내가 가르쳐야할 것은 지식이 아니라 그 지식을 어떻게 수집하고 조직화하고 세심하게 다루어 구체화하고 실현해내는가 하는 것임을 깨달았다.

사방에 널려있는 지식자료를 내 것인 양 알려주는 것은 바람직하지 않다. 누구라도 접근할 수 있는 자료를 자신만 아는 것처럼 독점해서도 안 된다. 배우는 사람도 가만히 앉아서 가르치는 사람의 내용을 무조건 수용하지 않는다. 또 다른 경로를 통해 검토하고 확인하고서야 옳다고 인정한다. 더 이상 가르치는 자의 권위에 눌려 그 내용을 무비판적으로 수용하지 않는다.

지식의 독점으로 가르치는 자의 권위를 세웠던 시대는 지났다. 작가와 독자의 경계가 무너지듯 선생과 학생의 경계도 느슨해졌다. 일방적으로 주고 일방적으로 수용하던 구조에서 탈피해 서로 나누고 조정하고 합의하는 구조로 나아가야 한다. 오히려 교육이란 무엇인가 하는 물음을 진지하게 생각해볼 수 있는 때가 되었다.

■ 영화 정보

제목 :《라자르 선생님,
　　　Monsieur Lazhar》
　　　(2011)

감독 : 필리프 팔라도
　　　(Philippe Falardeau)

● 출연 : 모하메드 펠라그
(Mohamed Fellag, 바시르 자라
르 역), 소피 넬리스(Sophie
Nelisse, 알리스 역), 에밀리언
네론(Emilien Neron, 시몽 역)
● 등급 : (국내) 12세 관람가
● 상영시간 : 94분
● 국내개봉 : 2013년 5월

　교사에 관한 영화는 다양하다. 일부 폭력물이나 오락 장르의
영화를 제외하고 대부분의 영화가 교사를 긍정적으로 묘사하고
있다. 영화에 등장하는 교사는 헌신적이고 깊은 사랑의 소유자
로 묘사되고 있다. 교사들은 정서적인 면이나 지적수준 면에서
학생들보다 월등하게 뛰어나다. 그러나 그렇지 않은 교사들이
등장하는 영화가 몇몇 있다. 여기에 등장하는 교사는 언뜻 보기
에 평범하다. 탁월한 능력을 지니고 있지도 않다. 일반 사람들
과 다른 점이 있다면 학생들을 사랑하는 마음이 조금 더 크고
깊다는 것뿐이다.

　영화《라자르 선생님》에는 먼저 담임 선생님이었던 분의 자살
을 목격한 한 여학생과 알제리에서 가족과 이별하고 캐나다로 망
명한 한 교사가 등장한다. 영화는 먼저 담임 선생님의 자살이 보

이지 않는 폭력에 의한 것이었음을 알려준다. 라자르 선생이 망명하게 된 것도 보이는 폭력에 의한 것임을 영화는 말한다. 두 사람은 모두 구조적인 폭력에 의한 희생자들이다. 큰 상처를 안고 있는 두 사람은 서로를 통해 치유되기 시작한다.

교육영화의 경우, 누구의 관점에서 누구를 바라보며 메시지를 전하느냐 하는 것은 카메라의 촬영높이(앵글)에 의해 판단할 수 있다. 많은 영화의 경우 카메라의 눈높이가 높은 것을 알 수 있다. 어른들의 눈높이에서 학생들을 바라보는 방식으로 이야기가 전개된다. 높은 관점에서 낮은 초점으로(하이앵글, high angle) 그려내는 학생들은 작아 보이고 왜소하기까지 한다. 반대로 낮은 지점에서 올려다보는 방식(로우앵글, low angle)으로 묘사되는 사람이나 사물은 웅장하고 권위적으로 보인다.

영화 《라자르 선생님》은 주로 수평앵글(eye level angle)을 사용했다. 그런데 그 기준점이 교사가 아니라 학생이라는데 의미가 있다. 전반적으로 학생의 관점에서 영화가 진행되고 있다는 뜻이다. 이렇게 되면 관객은 자연스럽게 학생의 입장에서 사건을 바라보게 된다. 영화가 서로를 이해해가는 과정을 그리고 있지만 일방적이거나 교훈적 차원에서 접근하는 것이 아니라, 서로 같은 입장에서 서로를 바라보고 접근하고 이해해하고 있다는 것을 알 수 있다.

사람들은 형식을 문제 삼기 좋아한다. 라자르가 교사로서 제대로 된 형식을 갖추고 있지 않다고 공격한다. 이로 인해 가르치는 일을 그만두게 된다. 사랑하는 제자들과도 헤어져야 한다. 세상은 문제가 발생할 수밖에 없는 구조를 만들어놓고 정작 문제가 드러나면 빠른 시간 내에 덮으려고만 한다. 제도와 형식을 만들어놓고 그 틀에 맞추려고 한다. 맞지 않을 경우 축출하는 것을 주저하지 않는다. 그 안에서 일어나는 마음 아픔이나 서운함, 내적 갈등이나 안타까움에 대해서는 전혀 신경 쓰지 않는다.

교육은 보이지 않는 영역에서 일어나는 귀중한 사건임에도 불구하고 사람들은 보이는 영역으로 끌어내리려고 하거나 보이는 영역의 규정으로 제재하려고 한다. 영화는 보이지 않는 영역에서 일어나는 교육적 사건을 차분하게 묘사하고 있다.

2. 영화로 상상하는 말씀 : 가르치는 은사

디모데전서 4장 11-16절

11. 그대는 이것들을 명령하고 가르치십시오.
12. 아무도, 그대가 젊다고 해서 그대를 업신여기지 못하게 하십시오. 도리어 그대는 말과 행실과 사랑과 믿음과 순결에서, 믿는 이들의 본이 되십시오.
13. 내가 갈 때까지, 성경을 회중 앞에서 낭독하는 일과 권면하는 일과 가르치는 일에 전념하십시오.
14. 그대 속에 있는 은사, 곧 장로들의 모임에서 그대가 안수를 받을 때에 예언으로 그대에게 주신 그 은사를, 소홀히 여기지 마십시오.
15. 이 일들을 실천하고, 그것에 전심전력을 다하십시오. 그리하여 그대가 발전하는 모습이 모든 사람에게 드러나게 하십시오.
16. 그대와 그대의 가르침을 살피십시오. 이런 일을 계속하십시오. 이렇게 함으로써, 그대는 그대뿐만 아니라, 그대의 말을 듣는 사람들도 구원할 것입니다.

〈디모데전.후〉는 사도바울이 에베소에 지도자로 있는 디모데에게 보낸 서간형태의 글이다. 사적인 어투로 일관되어 있지만 내용적으로 잘 살펴보면 결코 개인에게 보낸 사사로운 글이 아님을 알 수 있다. 수신자로 디모데라고 하는 특정한 인물을 지칭하고 있지만 그에게만 국한된 내용이 아니라, 당시 교회공동체의 모든 지도자들에게 당부하는 내용을 담고 있음을 알 수 있다.

권면의 내용을 몇 가지로 정리할 수 있다. 주요 핵심 내용은 나이로 인해 업신여김을 받지 말라는 것, 다른 사람에게 모범이 될 것, 성경을 가르치는 일에 전념할 것, 은사를 소홀히 여기지 말 것, 이 모든 일에 전심전력할 것, 발전하는 모습을 보일 것 등이다. 그러나 이러한 지도자의 덕목들은 외형적인 것이다. 단지 외적으로 드러내는 것에 전념하라고 하지 않는다. 그것을 뒷받침해주는 내적인 덕목들을 살피라고 권면한다.

바울은 사람들이 외적인 조건으로 디모데를 판단하는 것에 대해 흔들리지 말라고 충고한다. 젊다는 외형적인 조건으로 업신여김을 당하지 않기 위해 내적인 사랑과 믿음 그리고 순결을 잘 지켜내고 그러한 진실함을 말과 행실로 드러내라고 권면한다. 내면에 들어있는 은사를 존중함으로 그것을 통해 외적으로 발전하는 모습을 보이라고 권고한다.

바울은 디모데에게 완벽한 모습을 보여주라고 말하지 않는다. 자신의 뛰어난 능력을 발휘하라고 하지도 않는다. 놀라운 지적 능력을 과시하라고도 하지 않는다. 내적으로 자신을 돌보라고 말한다. 전심전력으로 맡겨진 일을 실천함으로 점차 발전하는 모습을 보여주라고 한다.

완벽한 인간은 존재하지 않는다. 따라서 완전한 선생도 존재할 수 없다. 우리는 모두 여전히 배우고 돌아봐야하는 부족한 인생이다. 때때로 자신의 영적 상태를 점검하여야 하며 성령의 힘으로 날마다 주께로 나아가야 하는 과정 속에 있는 존재들이다. 우리가 선생일 수 있는 것은 나아가는 방향을 바르게 지시하고 있다는 것과 조금씩 하나님의 나라를 향해 나아가고 있는 모습 때문이다. 결코 나의 현재 상태가 남을 가르칠 수 있는 온전한 모습이어서가 아니다.

오직 그리스도가 궁극적인 푯대이며 원형이다. 바울을 포함한 우리는 그분을 본받으려고 날마다 자신을 낮추고 복종시키는 자들이다. 그런 의미에서 교회지도자는 가르치기만 하는 일방적인 교사가 아니라, 공동체 내의 모든 그리스도인과 함께 성령의 도우심으로 그리스도를 향해 나아가는 동역자이고 형제인 것이다.

3. 영화가 말씀을 만났을 때 : 부드러운 혁명인 교육

'마틴 래킨(Martin Lakin)'은 교육을 '부드러운 혁명'으로 정의한다. 부조리하고 구태의연한 체계와 조직을 새롭게 바꾸기 위해서는 개혁만으로 부족할 때가 있다. 조금씩 개선해나가는 개혁은 현재의 체계와 조직을 강화시킬 뿐 새로운 형식을 도입하거나 시도하지 않을 수 있기 때문이다. 따라서 일순간에 모든 체계를 뒤바꾸는 전복이 요구된다. 전복시키기 위해서는 혁명이 필요하다. 그러나 혁명은 많은 희생을 부른다. 무수한 피와 목숨을 아낌없이 던져야 혁명이 이루어진다. 근현대의 고귀한 정신인 민주주의 역시 혁명에 의해 얻어졌다. 왕권에 의한 독재와 불평등을 깨뜨리고 모든 사람에게 주권을 되돌려주기 위해 무수한 생명이 바쳐졌다. 정의롭지 못한 거대한 힘에 맞서기 위해 작은 힘들을 모아 새로운 힘을 구축하였다. 강한 두 힘이 부딪히면서 피가 뿌려졌던 것이다.

교육은 이러한 강한 힘들의 대결을 통하지 않으면서 혁명을 이루어내는 또 다른 힘이다. 지속적이며 단계적이고 점진적으로 힘을 확산해나가는 부드러운 혁명이다. 피를 흘리지 않으면서 정의로운 구조로 뒤바꾸는 유연한 변혁이다.

부드러운 혁명과 유사한 역사적 사건이 있었다. 유명한 '벨벳혁명(Velvet Revolution)'이다. 벨벳혁명은 1989년 체코(당시 체코슬로바키아)의 공산정권 붕괴를 불러온 시민혁명으로 피를 흘리지 않은 무혈혁명이었다. 벨벳혁명이라 부르는 까닭은 부드러운 천인 벨벳처럼 피를 흘리지 않고 평화적 시위로 정권 교체를 이뤄냈기 때문이다. 구소련의 지배를 받던 철권정권을 시민들의 자발적이고 평화적인 저항으로 무너뜨렸다. 강함을 전복시키기 위해 반드시 더 큰 강함이 필요한 것이 아님을 입증하였다. 강함만이 강함을 저항할 수 있는 것이 아니라 부드러움으로도 강함을 얼마든지 대항할 수 있다는 것을 증명한 사건이다.

어떤 형태의 힘이든 그 힘으로 다른 힘없는 이들을 억누르는 것은 바람직하지 못하다. 그 힘으로 자신의 권위를 세우는데 사용한다면 이 또한 부적절한 행동이다. 예수님의 생애동안 힘으로 눌렀던 사건을 찾을 수 없다. 오히려 자신을 낮추고 상대를 높이는 섬김의 태도만을 볼 수 있다.

구약의 율법과 그 정신을 가르친다는 면에서 교육 내용적으로 예수님과 바리새인이 다를 바가 없었다. 어떤 면에서 바리새인들이 예수님보다 더 철저하게 교육하고 엄격하게 내용을 가르쳤는지도 모른다. 예수님은 복음을 전하실 때, 강압적인 선포나 일방적인 논리전개로 상대를 제압하는 형태를 취하지 않으셨다. 이적과 비유를 통해 하나님 나라의 의미를 스스로 깨닫도록 인도했고, 대화를 통해 차츰 진리에 접근하도록 이끄셨다. 이러한 일이 가능했던 것은 성취된 결과만을 주목하지 않고, 과정 속에서 일어나는 전체적인 변화에 초점을 두었기 때문이다. 교육철학적인 면에서 본다면 예수님은 당시 바리새인이나 서기관과 분명히 달랐다.

어느 날 예수님이 제자들을 향하여 '이제는 더 이상 종이라 부르지 않고 친구라고 부르겠다(요 15:15)'고 말씀하셨다. 일방적으로 명령을 내리고 명령을 수행하는 주인과 종의 관계가 아니라 서로서로 기쁨과 고통을 함께 나누는 친구의 관계라는 선언이었다. 영화 속에 등장하는 교사들이 아이들의 아픔을 일부러 외면한 채 지식만을 전달하는 스피커로 전락하지만, 라자르는 아이들의 아픔을 온몸으로 껴안는 친구가 된다. 아픔을 나누고 상처를 보듬어주는 서로의 친구가 된다. 여기서 치유의 사건이 일어나고 회복의 기적이 생겨난다. 또 다른 고난이 밀려오지만 치유를 경험한 이들에게 결정적인 걸림이 되지는 않는다.

4. 영화로 풀어보는 삶 : 늘 배우는 자세

■ 남들 앞에만 서면 늘 가르치는 자처럼 행동하지 않았는가? 우리는 본능적으로 선생님 되기를 즐겨한다. 남들로부터 가르치는

자라는 칭호 듣기를 좋아한다. 남의 위에 서서 가르치고 훈계하는 것을 자랑스럽게 생각한다. 무의식적으로 남들 앞에서 가르치는 자가 되려하지 않았는지, 남들 앞에 나서기 좋아하며 나의 지식을 드러내는 것을 즐기지 않았는지 차분하게 돌아볼 필요가 있다. 내가 나서서 가르칠 때 상대가 침묵하고 있는 것이 나에 대한 존경심 때문이라고 착각하고 있지 않았는지 살펴볼 필요가 있다.

예수님이 말씀하셨다. "잔치에서는 윗자리에, 회당에서는 높은 자리에 앉기를 즐기고, 장터에서 인사받기와, 사람들이 자기들을 선생이라고 불러 주기를 즐긴다. 그러나 너희는 선생이라는 칭호를 듣지 말아라. 너희의 선생은 한 분뿐이요, 너희는 모두 학생이다."(마 23:6-8)

■ 배우는 입장에 있는 것이 불편하지 않았는가? 남에게 가르침 받는 것을 참지 못하지는 않았는지 살펴보아야 한다. 억지로 참아 내거나 다른 생각을 하면서 받는 것처럼 행동하지는 않았는지 돌아봐야 한다. 내가 남의 가르침 받기 쉽지 않은 것처럼 남도 나의 가르침을 힘들어할지 모른다. 남을 가르치는 것은 신나지만 남에게서 가르침을 받는 것이 불편하다면 이것은 더욱 심각한 문제이다.

우리 모두는 학생이다. 누구는 가르치고 다른 사람들은 배우는 학생입장이 아니다. 서로가 서로에게 배우는 학생이다. 예수님은 낮은 자리에 앉으라고 말씀하셨다. 단순히 한 공간에서 차지하는 자리를 말하는 것이 아니다. 낮은 자리에 앉는 겸허함을 의미한다. 나를 낮추고 상대를 높일 수 있는 겸허한 영성을 지녀야 한다.

■ 남과 이야기할 때, 마음속으로 먼저 결론내리지 않았는가? 어

떤 사물이나 사람을 인식할 때, 선입견과 편견은 매우 심각한 장애물이다. 외형만으로 미리 판단하고 결정짓거나 작은 정보를 접하고 모든 것을 판단해버리는 것은 진실을 파악하는데 큰 걸림이 된다. 심리적으로 볼 때, 선입견이나 편견은 우월감이나 교만심으로부터 생겨난다: 상대를 이미 내가 파악하고 있다는 마음이나 내가 판단하는 것이 항상 바르다는 생각이 바탕에 깔려있다.

자신을 낮춘다는 것은 어떤 사람이나 사물을 판단할 때 겸손한 마음을 갖는 것을 의미한다. 백지상태의 마음으로 사람이나 사물을 대하면 무한히 새로운 것을 받아들일 수 있다. 내가 알고 있었던 것을 돌아볼 수도 있고 새롭게 개념을 정립할 수도 있다.

1970년대에 대두된 '구성주의(Constructivism) 교육학'은 인간이 자신의 경험으로부터 지식과 의미를 구성해낸다는 이론에서 출발했다. 학생들은 학습 이전에 지니고 있던 개념을 토대로 새로운 학습이 진행된다는 것이다. 따라서 가르치는 사람은 배우는 이들이 지니고 있는 기존 개념을 자극하고 활용하여 새로운 개념으로 유도해야 한다. 이것은 일방적으로 가르치는 사람이 마련한 내용을 배우고자 하는 이에게 주입하는 교육이 아니다.

특히 구성주의 교육학에서 주목하는 것은 과정으로서 교육이다. 학생이 기존에 개념을 어떻게 파악했고 어떤 방식으로 새로운 개념을 받아들이며 교육과정이 끝났을 때 무엇을 성취했는지의 전 과정을 교육자가 주의 깊게 살피는 교육이다.

영성은 신앙수련의 결과가 아니다. 어느 단계에 올라서려는 노력의 결과이거나 과정을 이수하여 평가받은 영적능력이 아니다. 영성은 일생을 통한 신앙의 전 과정이다. 부단히 맑음을 유지하려는 영혼의 샘솟음이다. 영성에는 가르치는 자와 배우는 자의 구별이 없다. 모두가 자신의 삶 속에서 맑은 영성을 지속해야하는 과정에 있는 이들이기 때문이다.

5. 내 삶 속에 들어온 영화 : 인생의 스승 찾기

■ 아이들 소리에 귀 기울이기 : 아이들에게서도 배울 것이 많다. 세심하게 아이들 소리에 귀 기울이면 미처 경험하지 못했던 많은 새로운 세계를 맛볼 수 있다. 아이들에게도 나름의 세계가 있고 활동이 있기 때문이다. 우리가 아이들에게서 배우지 못하는 것은 아이들은 가르침을 받아야하는 대상으로만 생각하기 때문이다. 어른이기 때문에 가르치는 자가 되어서는 안 된다. 어른도 여전히 배워야하고 그 배움은 모든 것으로부터 오기 때문이다. 잠시 동안 귀 기울여 아이들의 소리를 청종하고 그들의 이야기를 정리하다보면 신비한 많은 것을 얻을 수 있다.

■ 인생의 스승 찾기 : '순자'는 "학문하는 방법으로 스승이 될 만한 사람을 가까이하는 것보다 더 편리한 것은 없다"고 하였다. 반드시 뛰어난 능력의 소유자를 스승으로 삼을 필요는 없다. 스승의 가장 큰 역할은 먼저 경험한 사람이기 때문에 진리를 찾아가는데 시간을 낭비하지 않도록 지름길을 알려줄 수 있기 때문이라고 한다. 그렇다면 인생의 경험이 많은 사람이 항시 주변에 있다는 것은 공부를 하는데 더없이 좋은 일이라 할 수 있다. 그런 삶의 스승 될 만한 이를 찾아본다. 그런 분을 찾기 위해서 먼저 내가 제대로 학생이 되어야 하는 것은 두말할 필요가 없다.

〈 더 볼거리 〉

《죽은 시인의 사회, Dead Poets Society》(1989)

새로 부임한 교사 '커팅'은
첫 시간부터 학생들의 마음을 흔들어 놓는다.
파격적인 수업방식은 잠자고 있던 학생들의 생각을 일깨운다.
학교에는 비밀 모임이 있는데 '죽은 시인의 사회'라는
모임은 매우 흥미롭다.
진정한 스승과 참된 학생의 만남이 돋보인다.

《굿 윌 헌팅, Good Will Hunting》(1997)

천재적인 두뇌를 가진 주인공은
자신의 능력을 알아주는 사람을 만나지 못했다.
우연히 주인공의 능력을 알아차린 수학교수는
그를 친구인 '숀' 교수에게 보낸다.
두 사람의 만남은 조금씩 변화한다.
깊은 상처를 나누면서 서로를 통해 치유되는 모습은 아름답다.

《파인딩 포레스터, Finding Forrester》(2000)

고등학생인 '자말 월러스'는 동네 아파트에 사는
이상한 남자인 '포레스터'에게 관심을 갖는다.
자말은 그가 위대한 작가인지 모른다.
포레스터는 자말에게 글쓰기를 가르치려 한다.
세상으로부터 떠나려는 사람과 이제 막 세상으로
나온 사람이 우정을 나누기 시작한다.

일곱째 주 · 이야기

내 삶의 자리 살펴보기 ·

예술과영성

1. 영화 보기 전 생각하기 : 나를 둘러싼 것들

어떤 아이가 불량한 일을 저질렀을 때, 이구동성으로 그의 부모는 말한다. "원래 그 아이는 착한 아이였는데, 나쁜 친구들을 만나서 그렇게 되었다"고 말이다. 그 나쁜 친구라고 지목하는 그 아이의 부모 역시 같은 말을 할 것이다. 그렇다면 도대체 누가 정말 근원이 되는 가장 나쁜 친구일까? 모두 모아놓고 물어보면 서로를 가리킬 것이다. 실은 감기 옮기듯 서로서로 나쁜 영향을 주고받은 것이다.

사람이 자리를 만드는 것일까 아니면 자리가 사람을 만드는 것일까? 평소 낮은 자리에 있으면서 겸손과 배려로 칭송이 자자했던 이가 높은 자리에 오르자 돌변하는 경우를 가끔 본다. 그 자리에 있으면 누구라도 그렇게 된다며 스스로를 위로했지만, 모두가 그렇지 않은 경우를 떠올리면서 그 사람에 대한 실망감을 지우지 못했다.

만물의 영장인 사람이 환경을 지배한다고 말하지만 환경이 사람을 지배하는 경우를 자주 본다. 환경의 지배로부터 벗어나려고 자신을 다스리려 무던히 애쓰는 이들을 본다. 인연을 끊고 여건을 바꾸어보고 환경에게 자신을 빼앗기지 않으려 자기중심을 꾸준히 세우려 한다. 이러한 노력으로 극도의 자기중심적인 종교를 형성하기도 한다.

사람들은 자신을 둘러싼 것들에 의해 자신의 존재를 가늠한다. 그것을 입장(立場)이라고 한다. 둘러선 모든 사람들이 즐겁지 않은데 자기 혼자만 즐거워 할 수 없다. 주변 사람들의 상태가 영향을 미치기 때문이다. 좋은 것이든 나쁜 것이든 둘러싼 상태가 부단히 개인에게 영향을 미친다. 단지 영향만 미치는 것이 아니라 그 사람의 존재 자체를 변화시킨다.

나비의 작은 날갯짓 하나가 지구 반대편에 폭풍을 일으킨다는 나비효과(Butterfly effect)를 잘 알고 있다. 작은 개체의 작은 움직임도 멀리 떨어진 존재에게 영향을 준다는 이론이다. 지구가 하나의 거대한 생명체라는 가이아 이론(Gaia theory)과 더불어 지구의 환경을 이해하는 중요한 이론이다. 지구상의 모든 존재들은 고리처럼 연결되어 있다. 공간적으로 분리되어 있거나 시간적으로 격차가 있어도 이들 연결고리를 단절시킬 수는 없다.

그렇다면 어떻게 나쁜 물이 든 아이를 다시 착한 아이로 만들 수 있을까? 나쁜 친구들로부터 완벽하게 격리시키면 될까? 인적 드문 깊은 산속에 정갈한 초막을 지어놓고 종일 거룩한 책만을 읽으면 가능할까? 나쁜 물에 물들지는 않겠지만 온전한 정신을 유지할지가 의문이다.

모든 문제는 선천적으로 부여받은 개체 속에 이미 내장되어 있다고 보는 학자들이 있다. 이들은 각 개체의 고유정보인 유전자를 분석함으로 문제의 씨앗을 찾아내려한다. 주로 분자생물학자나 유전공학자들이 여기에 전력한다. 한편 문제는 후천적인 사회화 과정을 통해 형성된다고 주장하는 학자들이 있다. 주로 사회학자들의 주장이다. 이들은 독립적인 개별적 존재란 없으며 모든 존재는 사회적 존재라고 말한다.

누구의 주장이 맞는지에 대한 실험이 있었다. 특히 사회화에 관한 이론을 증명하기 위해 실제로 조건을 설정하고 실험에 돌입한 적이 있다. 사회화에 관한 이론은 입증되었지만 대부분 끔찍한 결과를 초래했기 때문에 대부분의 국가가 사회화 실험을 중단 또는 유보시켰다.

■ 영화 정보

제목 : 《엑스페리먼트, The
　　　Experiment》(2010)

감독 : 폴 쉐어링
　　　(Paul Scheuring)

● 애드리언 브로디(Adrien Brody,
　트래비스 역), 포레스트 휘테커
　(Forest Whitaker, 배리스 역),
　매기 그레이스(Maggie Grace,
　켈리 역)
● 등급 : (국내) 15세 관람가
● 상영시간 : 95분
● 국내개봉 : 2010년 8월 11일

　이 영화는 2001년 독일에서 만든 동명의 영화《엑스페리먼트,
Das Experiment, The Experiment》의 미국판 리메이크 작이
다. 실제 있었던 인간을 대상으로 한 실험을 영화화 했다. 진행
중에 살인사건으로 인해 중단되었던 이 실험은 인간의 본성과 사
회화에 대한 실험이었다. 어떤 사람의 성격이나 경향이 선천적
으로 부여받은 것인지 아니면 후천적으로 환경에 의해 형성된 것
인지를 밝히려는 연구 프로젝트의 일환이었다.

　영화의 소재가 된 감옥 실험은 1971년 미국 스탠퍼드 대학에서
진행됐다. 평범한 사람들을 죄수와 간수로 구분한 뒤, 인간의 본
성이 어떻게 드러나는지를 관찰한 실험이었다. 미국적 관점에서
개인의 본성에 초점을 두고 사회화에 대한 반(反)증명으로 시도
된 실험이었다. 결국 이 실험은 몇몇 피실험자의 극단적인 돌출

행동으로 종료됐다.

'히르쉬비겔' 감독은 이 실험을 독일로 가져왔고, 그의 《엑스페리먼트, Das Experiment, The Experiment》(2001)는 인간의 본성을 탐구하는 것에서 벗어나 독일인 스스로 나치시대의 본성과 대면하는 실험으로 바꾸었다. 독일에서 영화로 만들었을 때는 전반적으로 무거운 분위기였고, 특히 독일의 표현주의가 깊게 배어나는 모습이었다. 표현주의는 전체를 객관적으로 묘사하거나 보편적으로 유사하게 모방하려는 태도를 거부한다. 대신 중요하게 다가오는 부분을 색채나 음향 또는 카메라의 움직임 등을 통해 느낌을 더욱 부각시켜 강조하려는 예술적 경향이다. 그런 면에서 사회화 실험이라는 주제와 독일의 표현주의 기법은 잘 맞았다.

그러나 드라마 〈프리즌 브레이크〉를 연출한 '폴 셰어링' 감독이 다시 미국 판으로 바꾸면서 영화는 또 다른 면모를 보였다. 전체 이야기 흐름과 긴장감을 이끌어내기 위한 반전에 초점이 맞춰졌고 관객의 몰입을 이끌어낼 여러 영화적 장치들을 삽입했다. 보조적으로 러브 라인(Line : 스토리의 흐름 또는 맥)을 집어넣었고 밝은 톤의 사람들이 등장하면서 색감 역시 밝아졌다. 미국의 가치답게 원래 목적인 개인의 본성에 대한 실험으로 영화의 흐름을 바꾸었다.

이 과의 끝부분에 '더 볼거리'로 소개하고 있는 영화 《디 벨레, Die Welle, The Wave》(2008) 역시 사회화에 관한 영화이다. 《디 벨레》는 '엑스페리먼트2' 라고 알려질 정도로 인간 본성과 사회화에 대한 실험적 영화이다. 이 영화는 현대에도 나치와 같은 전체주의가 가능한지를 고등학생을 대상으로 시험한 미국의 실제 이야기를 영화화한 것이다. 실험은 미국에서 했지만 독일의 영화감독이 나치를 분석하는 좋은 예로 여겨 영화로 만들었다. 이성 능력이 향상되고 개성이 존중되는 현대에도 여전히 사이비 종교 집단이 존재하고 광적인 폐쇄집단이 팽창되는 이유를 이러한 영화는 밝혀내고 있다.

2. 영화로 상상하는 말씀 : 지금 자리를 걷어내고

요한복음 5장 2-9절

2. 예루살렘에 있는 '양의 문' 곁에, 히브리말로 베드자다라는 못이 있는데, 거기에는 다섯 개의 행각이 있었다.
3. 이 행각 안에는, 눈먼 사람들과 다리 저는 사람들과 중풍병 환자들이 누워 있었다. [그들은 물이 움직이기를 기다리고 있었다.
4. 그것은 때때로 주의 천사가 못에 내려와 물을 휘저어 놓는데 물이 움직일 때에 맨 먼저 들어가는 사람은 무슨 병에 걸렸든지 낫기 때문이었다.]
5. 거기에는 삼십팔 년이 된 병자 한 사람이 있었다.
6. 예수께서 누워 있는 그 사람을 보시고, 또 이미 오랜 세월을 그렇게 보내고 있는 것을 아시고는 "낫고 싶으냐?" 하고 물으셨다.
7. 그 환자가 대답하였다. "선생님, 물이 움직일 때에, 나를 들어서 못에다가 넣어 주는 사람이 없습니다. 내가 가는 동안에, 남들이 나보다 먼저 못으로 들어갑니다."
8. 예수께서 그에게 "일어나서 네 자리를 걷어 가지고 걸어가거라" 하시니,
9. 그 사람은 곧 나아서, 자리를 걷어 가지고 걸어갔다.

양의 문 곁에서 예수님은 38년 동안 병으로 고생하고 있는 한 사람을 만났다. 예수님은 그에게 가장 큰 소원이 무엇인지를 물었다. 당연히 병으로부터 벗어나는 것이었다. 병자는 자신이 지금까지 이런 상태로 있는 것은 기회가 주어졌을 때 남보다 빠르게 잡지 못하는 것이며, 그렇게 하도록 도와주는 이가 없었기 때문이라고 말한다. 예수님은 그에게 '일어나라', '자리를 걷어라', '걸어가라'고 말씀하신다. 그 사람은 곧 그대로 시행한다.

도대체 이 병자가 지니고 있는 문제의 핵심은 무엇일까? 예수님의 말씀 속에 문제의 핵심을 건드린 항목이 있는가? 문제는 어떻게 해결되었는가? 많은 의문이 쏟아지는 대목이다. 그만큼 중요한 사건이기도 하다.

여기 등장한 병자는 38년 동안 자기 자리에 앉아있었다. 처음에는 누군가 베드자다 연못에 데려다주어 그곳에 거할 수 있었겠지만 결국 누군가의 도움 없이는 움직일 수 없는 처지가 되었다. 처음에는 물이 움직일 때 남들보다 먼저 들어가 병이 낫기를 기대했다. 병자는 그곳에서 오랜 세월을 보내고 있었다. 이제는 누군가의 도움이 없으면 움직일 수 없는 처지가 되었다. 예수는 그에게 말씀한다. 네 자리를 걷어 가지고 걸어가라고 하신다. 타인의 도움만을 구걸하던 그 사람에게 앉아있던 자리를 걷어서 걸어가라고 한다.

병자는 자신의 자리를 벗어나지 못하고 있었다. 남보다 먼저 들어가고 싶다는 소원으로 연못가에서 지내고 있었다. 누군가의 도움이 없이는 어떻게 할 수 없는 처지에 있었다. 자신이 병을 낫지 못하고 있는 것은 누군가가 도와주지 않기 때문이라고 생각하고 있었다. 무덤들 사이에서 배회하던 거라사 지방의 귀신들린 사람과 마찬가지로 자신이 처해있는 자리에서 벗어나지 못하고 있었다.

예수께서 어부였던 제자들을 부를 때 나를 따르라고 하셨다. 그러자 그들은 배와 그물을 버리고 즉시 예수를 따른다. 그들에게 배와 그물은 생계수단이며 삶의 자리였다. 그들은 자신이 지금껏 지내오던 삶의 자리를 박차고 나와 예수를 따른다. 예수의 부름에 다른 일을 핑계 삼아 따르지 못하겠다고 하거나 다른 일을 다 처리하고 나중에 따르겠다는 이들의 마음속엔 여전히 현재 삶의 자리가 차지하고 있다.

아브라함이 바빌로니아 우르를 떠나 가나안으로 향한 것은 조상 대대로 삶의 뿌리를 내리고 살았던 삶의 자리를 박차고 나온 사건이었다. 히브리인들이 모세를 따라 이집트를 떠나 가나안 땅으로 나아갔던 일은 400년 이상 터를 박고 살아오던 지난 삶의 자리를 떨쳐버리고 하나님이 마련한 새로운 삶의 자리로 들어가려는 사건이었다.

신앙의 사람은 삶의 자리에 지배를 받지 않는다. 둘러싸고 있는 환경에 의해 매몰되지 않는다. 신앙인은 "사방으로 우겨쌈을 당하여도 싸이지 아니하며 답답한 일을 당하여도 낙심하지 아니(고후 4:8)"하는 이들이다. 자신의 영적 상태를 변화시킴으로 오히려 삶의 자리를 변화시키고 나아가 둘러싼 모든 것들을 변혁시키는 사람들이다.

3. 영화가 말씀을 만났을 때 : 내면의 맑은 샘

더러운 샘물을 깨끗하게 만들기 위해 부지런히 물을 퍼낸 적이 있다. 아무리 퍼내도 자꾸만 더러운 부유물이 생겨났다. 퍼내는 일을 통해 도리어 바닥에 가라앉았던 더러운 침전물이 더욱 떠오를 뿐이었다. 더러운 물 퍼내기에 지쳐 한동안 그냥 내버려두었다. 한참으로 지나자 지저분했던 샘물이 조금씩 맑아지는 것을 보았다.

시절이 어수선하고 국가의 분위기가 좋지 않다고 우리나라를 등지고 떠나는 이들을 가끔 본다. 한결같이 이 나라에서 사는 것이 불편하고 힘겹다고 한다. 이곳을 떠나 다른 나라에 가면 나을 것이란 환상을 갖고 떠난다. 그러나 얼마 지나지 않아 다시 돌아오고 싶다는 소식을 전한다. 어디 가나 사람 사는 곳이 다 비슷하다는 것이다. 비슷한 심정으로 고국을 떠난 이들이 모여 사는 동네에선 서로 다른 사람들이 잘 해주기를 기대한다는 것이다. 자신의 변화가 없는 이들이 공간만 바꾸어 이동한다고 해서 크게 달라질 것이 없다.

간혹 사람들이 드문 공간으로 떠나는 이들도 있다. 사람들과 교류하기를 꺼려해서 깊은 골짜기에 숨어들어간 이들이다. 남들로부터 자신을 격리시킴으로 자신의 순결성을 지켜보겠다는 이들이다. 그러나 그들 역시 시간이 지나면서 조금씩 먼지가 쌓이는 것을 본다. 부단히 자신의 내면을 닦아내던 이들은 먼지가 덜 쌓였지만, 그렇지 않고 막연히 자신을 격리시키는 것에 급급했던 이들은 또 다른 먼지를 뒤집어쓴 채로 지내고 있었다.

주변의 더러운 것을 열심히 제거하거나 그것으로부터 자신을 격리시키는 방식으로 자신을 깨끗하게 만들 수 없다. 자신의 내면 깊은 바닥에 깔린 지난 퇴적물들이 일어나 온 영혼을 혼탁하게 만들 수 있다. 자신을 순결하게 만들기 위해서는 내면에 맑은 샘을 가져야 한다. 쉼 없이 깨끗한 물을 퍼 올려야 한다.

에스겔이 환상을 보았다. 성전 문지방 밑에서 물이 솟아 나와 동쪽으로 흐르다가 다시 남쪽으로 그리고 북쪽으로 흘렀다가 동쪽으로 흐르는 것을 보았다. 그리고는 음성을 듣는다. "이 강물이 흘러가는 모든 곳에서는, 온갖 생물이 번성하며 살게 될 것이다. 이 물이 사해로 흘러 들어가면, 그 물도 깨끗하게 고쳐질 것이므로, 그 곳에도 아주 많은 물고기가 살게 될 것이다. 강물이 흘러가는 곳이면 어디에서나, 모든 것이 살 것이다."(겔 47:9)

모든 이들이 꿈을 잃어버린 절망의 시대에 에스겔은 환상을 본다. 뿔뿔이 사방으로 흩어져 유리할 때, 에스겔은 환상을 통해 새로운 희망을 본다. 시대가 어렵다고 많은 사람들이 다른 공간으로 떠나거나 깊은 골짜기나 사막으로 숨어들 때, 에스겔은 이스라엘의 미래를 내다본다. 정확히는 바꾸어야 할 미래를 내다본다.

모든 이들이 쉽게 절망하고 포기하고 낙심하고 좌절할 때, 신앙의 사람들은 하나님이 주시는 생명력으로 살아난다. 빈 들판에 나무를 자라게 하고 꽃을 피우며 맑은 물을 흐르게 하고 물고기가 살도록 하는 것이 믿음의 역사이다. 모두가 역사의 흐름이고 문화의 물결이기 때문에 받아들여야 한다고 할 때, 다니엘은 변함없는 믿음으로 굳건하게 맞선다. 결국 대제국의 문화가 다니엘에게 굴복하는 모습을 우리는 성서를 통해 목격한다.

현재의 안락함을 떨치고 동족의 생명을 구하기 위해 "법을 어기고서라도, 내가 임금님께 나아가겠습니다. 그러다가 죽으면, 죽으렵니다.(에 4:16)"라고 말했던 에스더의 용기를 우리는 목격한다. 결국 이스라엘 민족의 생명을 위협했던 막강한 제국의 법을 보호하는 법이 되도록 바꾼 것이 믿음의 역사이다. 상황에 굴복당하지 않고 도리어 그 상황을 바꾸는 능력이 믿음의 능력이다.

4. 영화로 풀어보는 삶 : 나를 떠나는 여행

■ 다른 사람들에게 나를 소개할 때 어떻게 하는가? 종종 '~의 아내', '~의 엄마'라고 소개하는 이들을 만난다. 자신의 이름을 소개하기보다는 누구누구와 관련된 사람으로 소개하고 있다. 어릴 적부터 나의 동생은 '~의 동생'으로 불리는 걸 매우 싫어했다. 형의 그늘에 가려져 있는 자신을 좋아하지 않았다. 그래서 자신을 소개할 때면 오히려 힘주어 자신의 이름을 또박또박하게 말하곤 했다.

'00 회사의 과장' 또는 '00 학교의 학생'으로 자신을 소개하는 것도 깊이 들여다보면 위의 소개와 다르지 않다. 자신이 서있는 장소나 주변 인물에 기대어 자신을 소개하기보다는 자신의 모습을 있는 그대로 소개하는 것이 좋다. '지치지 않는 열정의 000' 또는 '산같이 믿음직스런 000' 등으로 자신을 소개하는 것이 바람직하다.

■ 지금 당장 여행을 떠나려고 할 때 나를 강하게 붙잡는 것은 무엇인가? 집안일이나 직장의 일, 부모와의 관계와 진행하고 있는 일 등이 나의 발목을 잡고 있을 것이다. 그중에서 몇몇 개는 쉽게 떨쳐버리지 못할 정도로 강하게 나의 삶을 붙잡고 있을 것이다. 그것에 나는 묶여 억지로 살아가고 있는 지도 모른다.

여행을 떠나는 일은 새로운 환경으로 떠나보는 일이다. 그러기 위해서는 두 가지 일을 준비해야 한다. 하나는 갖고 가야할 것을 싸는 일이다. 여행 동안 쓸 것들을 최소한의 무게로 장만하는 일이 필요하다. 필수품들을 제대로 선별하는 일은 오랜 경험에서 나온다. 당장 내가 갖고 가야하는 주요 품목들의 우선순위를 알아 볼 수 있다. 다른 하나는 버려야 하는 일이다. 여행을 떠나기 위해서는 정리해야 할 것이 많다. 어떤 일은 다른 이에게 부탁해야 하고 어떤 일은 얼른 마무리 지어야 한다. 시급하게 처리해야 할 일과 나중에 천천히 처리해도 되는 일이 보인다. 그런 면에서 여행을 떠난다는 것은 일상의 삶을 새롭게 리셋(Reset)하는 일이다.

■ 버리지 못하는 습관이 있는가? 때론 나의 습관을 잘 모를 수도 있다. 오랫동안 친숙하게 살아왔기 때문에 인식하지 못할 수도 있다. 따라서 나의 습관을 잘 살펴보는 것도 의미가 있다. 반복적인 행동이 일정해지면 패턴을 갖게 된다. 그 패턴이 고착화되면 습관이 되고 그 습관은 나의 사상이 되고 내 존재의 바탕이 되기도 한다. 그런 면에서 습관을 바꾸는 일은 죽음을 접하는 일만큼이나 위험하고 가능성이 낮은 일이다. 그래도 좋지 않은 습관이 있다면 바꾸어야 한다. 습관을 바꾸기 위해서는 역시 습관으로 정착된 만큼의 시간이 소요되겠지만 그래도 분명히 좋지 않은 습관이라면 바꾸어야 한다.

남의 습관에 대해서 파악하고 지적하는 것은 쉽다. 그러나 나의 습관을 관찰하고 분석하는 일은 어렵다. 자신에 대해 객관적이기는 매우 어렵다. 특히 잘못된 것에 대해서 객관적으로 파악하기는 정말 어렵다. 본능적으로 우리는 자신의 잘못에 대하여 지극히 관대하며 그 정황을 누구보다 잘 이해하기 때문이다.

'에리히 프롬'의 저작인 《환상의 사슬을 넘어서》에 보면, 우리를 붙잡고 있는 두 가지의 사슬이 나온다. 하나는 정치경제라는 사슬이 우리를 붙잡고 있다고 한다. 인류는 정치경제의 구조에서 벗어나 자유롭게 살아갈 수 없다. 거기에서 벗어나 자유를 획득하려면 정치경제 구조를 깨뜨릴 혁명이 수반되어야 할 것이다. 또 다른 하나는 심리학이라는 사슬이다. 무의식의 작용으로부터 벗어나기 어렵다. 기본적으로 갖고 있는 욕망과 콤플렉스 등으로부터 인간이 자유롭기 어렵다고 한다. 심리로부터 자유를 얻기 위해서는 온 정신을 깨우는 큰 깨달음이 있어야 할 것이다.

5. 내 삶 속에 들어온 영화 : 내 삶을 뒤집어보기

■ 아날로그로 살기 : 하루를 디지털의 도움이 없이 살아본다. 전자기기나 가전제품을 이용하지 않고 음식을 해서 먹고 차량을 이용하지 않고 걸어서 출근하며, 신용카드나 현금카드를 사용하지 않고 순전히 현금으로 모든 거래를 하고, TV를 끄고 책을 읽으며 휴대폰이나 스마트폰 또는 PC나 SNS를 이용하지 않고 손편지를 쓰거나 직접 메시지를 전달하는 등의 아날로그 생활을 실시해본다. 이를 통해 우리가 얼마나 전자기기나 전자장비에 얽매여 살고 있는지를 알게 된다.

■ 역할 바꾸어 보기 : 상대를 이해하는 가장 좋은 방법은 상대의 입장이 되는 것이다. 나와 정 반대편에 있는 역할이 무엇인지 생각해보고 그 역할을 해본다. 학생은 교사의 역할을 하고, 자녀는 부모의 역할을 해본다. 직장 평사원은 임원이 되어보고, 남편은 아내의 역할을 해본다. 상대의 입장이 되어보면 왜 그가 그런 언행을 하는지 이해할 수 있다. 이해를 통해 공감을 하고 나아가 개선을 할 수 있다.

〈 더 볼거리 〉

《엑스페리먼트,
Das Experiment, The Experiment》(2001)

평범한 12명의 사람을 선발하여
각각 죄수와 간수로 나누어 역할을 부여한다.
충실하게 주어진 역할을 정한 기일동안 완수하면
일정한 금액을 받기로 되어 있다.
그러나 이틀이 지나자 문제가 발생하고
급기야 살인사건이 일어난다.
사회적 실험의 위험성이 드러난다.

《디 벨레, Die Welle, The Wave》(2008)

민주주의가 보편화된 현대에도
독재가 가능할까 하는 실험이 진행된다.
고등학생을 대상으로 진행된 사회적 실험 역시
심각한 문제를 야기한다.
아주 작은 행동을 기점으로 독재가 진행되는 과정이
섬뜩하게 그려지는 영화이다.

《김씨 표류기, Castaway On The Moon》(2009)

영화는 세상으로부터 멀어진
두 사람의 이야기가 교차적으로 진행된다.
실수로 섬에 남게 된 남자와 의도적으로
세상으로부터 멀어진 여자의 모습이
서서히 비교되다가 드디어 맞닿게 된다.
인간은 사회적 동물이라는 걸
영화는 여실히 보여준다.

여덟째 주 · 이야기

살면서 필요한 용기 ·

예술과영성

1. 영화 보기 전 생각하기 : 진정한 용기란?

  살아있는 언어는 당시 사회문화를 반영한다. 현재 우리 사회에서 가장 모욕적인 단어 중의 하나는 '루저(loser)'이다. 경쟁이 치열한 우리 사회에서 모든 것을 승자와 패자로 나누어 패자를 경멸하는 심리가 반영된 단어이다. 그런데 이 '루저'라는 단어는 단지 후천적으로 경쟁에 밀리거나 뒤쳐지는 이들에게 부여하는 말이 아니다. 키가 작거나 생김이 수려하지 못한 선천적인 조건도 경쟁의 구도로 바라본다는 것을 의미한다.

  외국영화를 보다보면 서구인들이 가장 싫어하는 단어가 '겁쟁이'라는 것을 알 수 있다. 어떤 모욕적인 단어에도 흔들림이 없던 주인공이 '겁쟁이'라는 하나의 단어 때문에 갑자기 힘을 내거나 의연히 임무를 수행하는 장면을 볼 수 있다. 용감하지 못하다는 것을 수치로 여기고 강하지 못한 것을 모욕으로 생각하는 문화를 반영한 까닭이다.

  《중용》10장에 자로와 공자의 문답이 나온다. "자로가 강함이 무엇인지 물었다. 공자가 말하기를 남방의 강함을 묻느냐 아니면 북방의 강함을 묻느냐 혹은 너의 강함에 대해 질문하는 것이냐? 관대하고 부드럽게 가르치면서 무도한 자에게도 보복하지 않는 힘이 남방의 강함인데 군자가 머무는 곳이다. 무기와 갑옷을 깔고 죽는다 해도 싫어하지 않고 싸우는 것이 북방의 강함인데 그곳에는 강한 사람들이 그곳에 머문다."

  강함에 대해 자로가 강함이 무엇이냐고 질문했고 공자가 거기에 답을 하였다. 공자의 답을 요약하면, 강함에는 두 가지가 있는데 하나는 북방의 강함이고 다른 하나는 남방의 강함이라는 것이다. 북방의 강함은 목숨이 위협을 받는다고 해도 절대로 굽히지 않는 굳세고 견고한 강함이고, 남방의 강함은 용서하고 보복하지 않는 부드러운 강함이라는 의미이다.

공자의 이러한 논리는 다양한 개념들에게 적용시킬 수 있다. 모든 개념은 크게 두 가지로 나눌 수 있다. 하나는 태양으로 상징되는 양(陽)의 개념이요, 다른 하나는 달로 상징되는 음(陰)의 개념이다. 양은 굳센 성질을 지니고 있고, 음은 부드러운 성질을 지니고 있다. 예를 들어, 물에도 강한 물이 있고 부드러운 물이 있다. 강한 성질의 물은 모든 것을 무너뜨리고 밀고 나가는 힘찬 모습을 하고 있다. 부드러운 물은 사물을 감싸고 동물과 식물에게 생명을 공급하는 포근한 성질을 지니고 있다.

그런 면에서 이러한 분류법은 용기를 정의하는데도 적용할 수 있다. 용기가 무엇이냐 물으면, 용기에는 굳센 용기와 부드러운 용기가 있다고 답할 수 있다. 일반적으로 용기를 강한 것으로 인식하고 있다. 일반적으로 용기는 굽힐 줄 모르는 굳세고 강한 힘을 바탕으로 이루어져 있다고 생각한다. 그러나 용기에도 굳센 용기와 부드러운 용기가 있다.

부드러운 용기는 유연하고 티가 나지 않아 용기라고 인식 못할 때가 많다. 외형적으로 굳센 용기만이 두드러지게 드러나 보이지만 실제로 변함없는 일관된 모습으로 끝까지 존속하는 것은 부드러운 용기이다. 또한 부드러운 용기는 다른 사람에게 상처를 주지 않는다. 설득과 감동으로 상대를 변화시킨다.

어지러운 시대와 환경에 처해있으면 용기 있는 영웅을 그리워하기도 한다. 누군가 힘 있고 능력 있는 이가 나타나 바꾸어주었으면 하는 막연한 바람을 가져보기도 한다. 용기를 내어 그릇된 환경 속으로 뛰어들어 바꾸겠다는 마음은 먹지 않고 누군가 좋은 환경을 베풀어주기만을 하염없이 기다린다.

■ 영화 정보

제목 :《프리덤 라이터스,
Freedom Writers》(2007)
감독 : 폴 쉬어링
(Paul Scheuring)

● 애드리언 브로디(Adrien Brody,
트래비스 역), 포레스트 휘테커
(Forest Whitaker, 배리스 역),
매기 그레이스(Maggie Grace,
켈리 역)
● 등급 : (국내) 15세 관람가
● 상영시간 : 95분
● 국내개봉 : 2010년 8월 11일

원작은 '에린 그루웰(Erin Gruwell)'이 저술한 도서《프리덤 라이터스 다이어리(The freedom writers diary)》이다. 도서 제목에 다이어리(diary)라는 단어가 더 있는 것으로 보아 책과 영화의 관점이 약간 다르다는 것을 추측할 수 있다. 그러나 도서의 원제와 부제를 세심히 살펴보면 영화와 도서가 무슨 이야기를 하려는지 간파할 수 있다. 도서의 전체 제목은《프리덤 라이터스 다이어리 : 어떻게 한 교사와 150명의 학생이 글쓰기를 통해 자신과 둘러싼 세상을 바꿀 수 있었는가? (The Freedom Writers Diary: How a Teacher and 150 Teens Used Writing to

Change Themselves and the World Around Them)》이다.

영화는 교사인 '트래비스'의 관점에서 내내 진행된다. 교사의 눈에 비친 학교의 모습과 학생들의 모습 그리고 그들이 변해가는 모습을 그리고 있다. 교사의 일상과 교사의 고군분투하는 모습을 생생하게 그리고 있다. 그러나 책은 학생들에게 초점이 맞추어져 있다. 150명의 학생들이 적어 내려간 일기장의 내용과 그에 따른 학생들의 기술 내용에 초점이 맞춰졌기 때문에 묘사하는 방식에서 차이를 보인다. 그러나 전체적인 이야기 흐름과 주고자 하는 메시지는 동일하다.

영화는 유색인종의 고등학교이기에 겪는 갈등과 차별 그리고 목숨을 건 생존싸움과 아픔을 차분하게 그려내고 있다. 열악한 환경에서 살아가는 아이들과 그들을 둘러싼 가정의 속사정이 솔직하게 펼쳐진다. 교사인 '에린 그루웰'은 갱단 싸움에 연루되어 죽지 않고 졸업하기만 해도 다행으로 여길 만큼 위험한 환경 속에서 살아가는 아이들에게 폭력의 잔혹성과 위험성을 가르친다. 아르바이트를 통해 얻은 수익으로 책을 사서 아이들에게 나누어 주고 식당에 초대하여 함께 식사를 나누며 삶 나누기를 한다. 글쓰기(정확하게는 일기쓰기)를 통해 자신의 내면에서 일어나는 이야기를 솔직하게 고백하고 일기형식으로 표현함으로 자기 치유를 시도한다. 아이들은 자신들을 들여다보기 시작하면서 점차 변하기 시작한다. 용기를 내어 자신의 변화를 시도하고 환경을 변화시키기 시작한다.

흔히 영화음악은 영상에 옷을 입히는 것이라고 한다. 최종적으로 영상을 꾸미는 작업이다. 옷이 너무 화려하면 영상이 위축되어 보인다. 반대로 옷이 너무 초라하면 영상도 함께 초라해진다. 따라서 영상에 적절한 음악을 입히는 일은 대단히 중요하다. 《프리덤 라이터스》는 장르적인 장점을 살려 음악과 호흡을 잘 맞춘다. 영화 내내 비트가 강한 힙합음악이 흐른다. 〈꿈 (A Dream)〉 〈들어 봐 (Listen!!!)〉 〈고개를 들어라 (Keep Ya Head Up)〉 〈우리가 어떻게? (This Is How We Do It)〉 〈유색인 (Colors)〉 〈폭동 (Riots)〉 〈안네 프랑크 (Anne Frank)〉 등의 제목만 대강 살펴보아도 음악을 통해 영화가 어떤 메시지를 전하려는지 쉽게 알 수 있다.

2. 영화로 상상하는 말씀 : 세상을 이기는 법

요한복음 16장 29-33절

29. 제자들이 말하였다. "보십시오, 선생님께서 이제 드러내서 말씀하여 주시고, 비유로 말씀하지 않으시니,
30. 이제야 우리는 선생님께서 모든 것을 알고 계심을 알았습니다. 그래서 누구도 선생님께 여쭈어 볼 필요가 없습니다. 이것으로 우리는 선생님이 하나님께로부터 오신 것을 믿습니다."
31. 예수께서 대답하셨다. "이제는 너희가 믿느냐?
32. 보아라, 너희가 나를 혼자 버려두고 제각기 자기 집으로 흩어져 갈 때가 올 것이다. 그 때가 벌써 왔다. 그런데 아버지께서 나와 함께 계시니, 나는 혼자 있는 것이 아니다.
33. 내가 이렇게 말한 것은, 너희로 하여금 내 안에서 평화를 얻게 하려는 것이다. 너희는 세상에서 시련을 당할 것이다. 그러나 용기를 내어라. 내가 세상을 이겼다."

예수님은 제자들을 향해 장차 일어날 일에 대해 말씀한다. 가까운 시점에서는 예수님이 십자가에 달릴 때, 모두 다 흩어질 것

이라는 것과 어려움을 당할 것이라고 한다. 좀 더 먼 시점에서 보면, 초대교회가 장차 로마의 박해로 어려워질 것과 고난을 당할 것을 미리 말씀하고 있다. 이것은 과거의 어느 시점의 사건에 국한된 것이 아니다. 교회사 속에서 선교 역사 속에서 이러한 일들은 반복적으로 일어났다. 이것은 진리를 선포하는 이들이 당할 당연한 아픔이라고 말씀한다. 그러나 세상으로부터 시련을 당할 것이지만 두려워하지 말고 용기를 내라고 하신다. 혼자가 아니기 때문에 힘을 얻으라고 한다. 하나님이 함께 계신다고 격려한다. 또한 예수님이 세상을 이겼기 때문에 힘을 내라고 한다.

예수의 용기와 그로인한 승리는 세상의 것과 다르다. 세상의 용기는 강한 힘을 바탕으로 상대와 싸워 이기는 것이다. 세상의 승리는 상대를 힘으로 제압하여 굴복시키는 것이다. 그러나 예수의 용기는 자기중심을 잃지 않고 올곧게 나아감으로 폭력을 행사하는 상대가 도리어 부끄러워지는 용기이다. 예수의 승리는 상대를 제압하여 얻어지는 것이 아니라 상대를 감동시켜 스스로 무릎 꿇게 하는 승리이다.

큰 어려움에 맞닥뜨렸을 때, 사람들은 몇 가지 반응을 보이면서 대응을 한다. 하나는 어려움을 피하는 태도이다. 부딪히지 않고 비켜나가며 아예 그 자리를 떠나 어려움이 없어 보이는 다른 곳으로 옮겨가는 이들이 있다. 또 다른 하나는 어려움에 굴복하여 엎드리는 것이다. 자신의 모든 것을 내려놓고 어려움이 이끄는 대로 끌려가는 태도이다. 비굴해보이기까지 하는 이런 태도는 겸손이란 거짓 옷으로 위장하기도 한다. 마지막으로 자신의 중심을 세워 상대를 부끄럽게 만드는 태도이다. 상대가 나를 넘어뜨리려 위협을 했을 때, 그것에 당당히 받아들이면 도리어 상대가 두려움을 느끼게 된다.

예수는 십자가를 피해가지도 않았고, 십자가에 비굴하게 굴복하지도 않았다. 스스로 의연하게 십자가를 짊어짐으로 십자가를 통해 굴복시키고 수치감을 주려던 이들이 도리어 패배감과 수치감을 느끼게 했다. 그런 면에서 예수는 우리 인생의 본(本)이고 모델이다. 우리에게 닥칠 고난이 아무리 크다고 해도 예수가 했던 방식으로 동일하게 나아간다면 넉넉히 이길 수 있다는 말씀이다. 이럴 수 있는 것이 신앙의 용기이다. 이 용기는 하나님이 함께 하시기에 가능하다. 이것을 로마서는 "악에게 지지 말고, 선으로 악을 이기십시오."(로마서 12:21)라고 말씀한다. 성서는 악을 더 큰 악으로 눌러 이기는 방식을 취하지 말고 선함으로 악을 이기라고 권면하고 있다.

3. 영화가 말씀을 만났을 때 : 모두가 진정한 영웅

영화 《프리덤 라이터스》에서 학생들은 바자회를 열어 그 수익금으로 《안네의 일기》의 저자이자 실제로 안네를 숨겨주었던 '미프기스'를 초청한다. 책으로만 대하는 것이 아니라 직접 저작을 만나 생생한 이야기를 듣고 싶어서 시도한 일이었다. 한 학생이 미프기스에게 참으로 용기 있는 일을 하셨다고 말한다. 그러자 '미프기스'는 말한다. "내가 옳다고 생각되었기에 그렇게 실천했을 뿐"이라고 말이다. 나아가 그녀는 자기 스스로 내면과 환경을 바꾸기를 결심하고 실행한 학생들 여러분이야 말로 진정한 영웅이라고 말한다.

영웅은 진실을 위해 애쓰는 사람이다. 진실은 크고 작은 것에 상관이 없다. 아무리 작은 거짓도 거짓은 용납될 수 없다. 따라서 작은 거짓을 바르게 하기 위해 수고하는 모든 이들은 영웅이다. 우리는 거대하고 위대한 일을 진행시킨 사람을 영웅으로 생각한다. 그러나 아주 작은 일이라도 진실을 세우기 위해 노력하는 사람은 모두 영웅이다.

자신의 삶과 주변에 흩어져 있는 거짓과 불의한 일을 거부하고 그것을 바로잡기 위해 힘쓰는 일은 중요하다. 무엇보다 자신의 내면에 잠재하고 있는 불의함을 거부하는 것이 힘들다. 타인에 대해서는 원칙적이고 예리한 잣대를 들이대지만, 자신에게는 한없는 관용과 휘어진 잣대를 대고 평가하려는 것이 인간의 본능이기 때문이다.

옳은 일이라고 판단했어도 그것을 실천하는 이들은 더욱 드물다. 예수가 십자가에 달렸을 때, 제자들은 두려움 때문에 모두 달아난다. 심지어 예수의 대표적 제자인 베드로도 세 번씩이나 자신은 예수를 모른다고 부인한다. 우리는 진리가 무엇인지 분명하게 파악하고 있다. 무엇이 거짓된 것이며 위장한 것인지도 분별할 줄 안다. 문제는 진리를 실천하지 못한다는 것이다. 거짓과 불의 앞에서 두려움을 갖는다는 것이다. 장차 온전한 진리를 대면하게 될 때 더 큰 두려움과 떨림이 있을 것을 내다보지 못하기 때문이다.

'영웅이 지닌 위대함은 영웅 자신의 능력에서 비롯되는 것이기보다는 시대가 그에게 부과한 소명에 근거한 것'이라고 헤겔(Hegel)은 말했다. 역사란 예정된 섭리가 실현되어 우리 앞에 구체적으로 그 모습을 드러내는 사건이라고 말한다. 따라서 이러한 섭리를 따라 세계사적인 정신을 구현하는 구체적 인물이 영웅이라고 말한다. 하나님의 부름심이 있어 그것에 응답함으로 역사 속에 뛰어든 인물이 영웅이라는 뜻이다.

하나님의 부름은 다양한 방식으로 나타난다. 폭풍처럼 거대한 음성으로 나타나기도 하고 흔들리는 나뭇가지 속에서 작은 바람소리처럼 들리기도 한다. 삶 속에서 일어나는 미세한 움직임으로 일어나기도 하고 살며시 다가와 들려주는 마음 따뜻한 이의 음성으로 나타나기도 한다. 이러한 부름에 응답하여 그 뜻을 구체적으로 구현하는 이들이 영웅이다.

흔히 영웅의 시대가 지나갔다고 한다. 어느 특정한 한 영웅이 암울한 시대를 걷어내어 새로움을 펼치던 시대는 갔을지 모르지만, 삶의 곳곳에서 부르심을 따라 진리를 실천하며 확장시켜나가는 무수한 다수가 존재하는 영웅의 시대는 지속되고 있다. 지금은 예수의 제자들이 작은 예수로서 사방으로 흩어져 예수 정신을 실천하고 펼쳐나갔던 것처럼 우리 삶의 아주 세세한 부분에서 진리를 실천하며 살아가는 시대이다. 그래서 모두가 영웅이라고 말할 수 있는 시대이다.

4. 영화로 풀어보는 삶 : 두려움을 떨쳐내고

■ 내게 가장 큰 두려움은 무엇인가? 죽음인가 가난함인가 아니면 어떤 특정한 사람인가? 근본적으로 인간은 자기 존재의 사라짐을 두려워한다. 죽음만이 존재의 사라짐이 아니다. 살아있어도 나의 존재를 아무도 인정하지 않으면 그것 역시 내 존재의 소

멸이다. 아무도 나를 인정해주지 않으면 자신의 존재를 드러내기 위해 여러 가지 일을 시도한다. 때로는 이목을 집중시킬 그릇된 모습으로 표출되기도 한다. 자신의 존재를 드러내기 위해 자신을 과대포장하거나 돋보이기 위해 여러 가지로 위장하기도 한다. 그러한 일은 소외(疏外)를 더욱 심화시킬 뿐이다. 결국 소외(疏外)는 자기 자신으로부터 시작된다. 자신을 소외시키는 가장 큰 인자(因子)는 자기 자신이다. 자기 자신을 올바르게 사랑하는 일은 중요하다. 자신을 사랑하는 것은 소외를 극복하는 첫 걸음이기 때문이다. 자신을 제대로 사랑하면 자신의 환경을 극복할 수 있는 용기가 생겨난다.

■ 내가 위험에 처했을 때 가장 먼저 달려와 줄 사람은 누구인가?
극심한 위험에 내가 놓여있어 구원을 요청하면 모든 일을 제쳐두고 제일 먼저 달려올 사람이 누구일까? 물론 가족이 제일 먼저 달려올 것이다. 가까운 친구나 이웃이 달려올지도 모른다. 문제는 달려와 줄 사람이 없는 이들이다. 도움의 손길이 필요한데 도와줄 사람이 없는 소외된 이들, 그들에겐 친구가 절실하다.
"여러분은 빛을 받은 뒤에, 고난의 싸움을 많이 견디어 낸 그 처음 시절을 되새기십시오. 여러분은 때로는 모욕과 환난을 당하여, 구경거리가 되기도 하고, 그런 처지에 놓인 사람들의 동반자가 되기도 하였습니다. 여러분은 실상 감옥에 갇힌 사람들과 고통을 함께 나누었고, 또한 자기 소유를 빼앗기는 일이 있어도, 그보다 더 좋고 더 영구한 재산이 있다는 것을 알고, 그런 일을 기쁘게 당하였습니다. 그러므로 여러분의 확신을 버리지 마십시오. 그 확신에는 큰 상이 달려 있습니다." (히 10:32-35)
초대교회의 모습을 엿볼 수 있다. 교회는 서로를 돌보고 생명을 나누는 공동체이다. 신앙의 나눔 공동체가 나의 가장 가까운 이웃이다. 신앙공동체의 일원인 나는 다른 사람이 위험에 놓여 있을 때 제일 먼저 달려가는 이웃이 되어야 한다.

■ 좋은 일을 하다가 지쳐서 그만 둔 적이 있는가? 좋은 마음으로 시작한 일인데 연속되는 어려움에 처해서 그만 그 일을 포기한 적이 있었는가? 악한 일에 대한 유혹이 많은 시대에 선한 일을 잘 선별하여 그 일을 실천하는 것이 매우 귀하다. 그러나 아무리 선한 일도 지속되지 못하면 소용이 없다. 인내하며 선한 일을 지속하는 것이야말로 귀한 일이다.

"주께서 여러분의 마음을 인도하셔서, 여러분이 하나님의 사랑과, 그리스도의 인내에 이르게 되기를 바랍니다."(살후 3:5) "형제자매 여러분, 선한 일을 하다가 낙심하지 마십시오."(살후 3:13)

확신 있는 바른 일임에도 불구하고 안팎으로 유혹과 어려움이 있으면 흔들리기 마련이다. 그래서 진행하던 일을 멈추는 경우를 종종 본다. 아무리 바른 일도 중도에 그만두면 시작한 것만 못하게 되는 수가 많다. 중도에 그만두기 때문에 악한 세력의 조롱과 비난은 더욱 거세질 것이며, 선한 마음으로 비슷한 일을 시도하려던 이들을 낙담시킬 수도 있다.

선한 일을 이슈화하여 끌고나가는 것도 소중하다. 선한 일들이 더욱 일어나고 확산되어야 할 것이다. 거기에는 강한 용기가 요구된다. 어둠속에서 등불 하나 밝히는 희생과 결단이 필요하다. 그러나 거기에서 멈추어서는 안 된다. 선한 일을 지속적으로 행하는 일이 필요하다. 이것은 부드러운 용기이다. 밝혀놓은 등불이 꺼지지 않도록 기름을 공급하고 준비하는 일이다. 여기에는 인내와 믿음이 요구된다.

5. 내 삶 속에 들어온 영화 : 용기 있는 행동이란?

■ 용기 있는 일 실천하기 : 필요한 사람에게 작은 도움을 주는 것도 용기 있는 일이다. 아무도 지키지 않는 규칙을 지키는 것도 용기이다. 창피함이나 위협을 두려워하지 않고 바르게 말하는 것도 용기이다. 자신을 낮추어 상대를 높이는 것도 용기이다. 하루에 한 가지씩 용기 있는 일을 시도하고 그것에 대한 느낌을 함께 나누어 본다. 무관심하게 지나쳤던 일들을 반성할 필요가 있다. 미움보다 무관심이 더욱 나쁘다. 미움은 적어도 상대를 마음에 두고 있다는 것을 의미한다. 그러나 무관심은 상대와 내가 전혀 상관이 없다는 의미이고 마음에 조금도 두지 않는 것이기 때문이다.

■ 소외된 이들을 찾아가기 : 우리 사회 곳곳에는 소외된 이들이 있다. 드러나지 않아 쉽게 찾을 수 없지만, 잘 눈여겨보면 발견할 수 있다. 그들에게 다가가 손을 내미는 것은 대단히 중요하다. 그들의 손을 잡고 함께 해줄 수 있는 마음을 지녔다는 의미이기 때문이다. 그들의 어려움과 고민을 들어주는 것도 중요하다. 혼자 해결할 수 있는 일이라면 해결해보기도 하고 혼자 힘으로 어려우면 여럿이 함께 문제를 공유하여 해결해볼 수도 있다. 상황을 인식하고 문제를 찾아내고 해결점을 모색하는 것이 중요하다.

〈 더 볼거리 〉

《인 어 베러 월드,
Haevnen, In A Better World》(2010)

진정한 용기란 무엇일까?
신앙은 폭력의 유혹으로부터 벗어나게 할 수 있을까?
폭력을 사용하는 것이 문제를
해결하는 가장 쉬운 방법일지 모른다.
폭력 사용이 용기로 오해되기도 한다.
그러나 그 피해는 너무도 크다.
용서와 사랑이 진정한 용기이다.

《쉰들러 리스트, Schindler's List》(1993)

자신이 차지하고 있는 자리를
무엇을 위해 사용하느냐 하는 것은 매우 중요하다.
무엇보다 생명을 구하는 일을 위해
자신의 위치와 힘을 사용하는 것이 바람직하다.
유대인의 생명을 구해냈던
독일인 사업주의 용기는 아름답다.

《더 헌트, Jagten, The Hunt》(2012

때론 사람들의 말과 시선이 폭력적일 수 있다.
그것에 맞서는 일은 쉽지 않다.
자신을 방어할 말조차 허용되지 않는 사회는 끔찍하다.
한 소녀의 거짓말로 누명을 쓴 한 남자가
말없이 자신을 지켜내는 이야기다.
오해가 풀리기는 했지만 아픔은 앙금처럼 남는다.